나의 인생을 바꿀 성공 공식

12개의 매직앤써

토익스피킹
초치기비법

지금 시작합니다.

"똑같은 점수만 수 개월 째···
이제 벗어날 수 있다!"

■ 쉽사리 적응되지 않는 영어 말하기 장벽

'저는 영어 말하기를 해본적이 없어요.' 수강하러 온 학생들에게 저자가 가장 많이 들었던 말입니다. 초중고 12년, 수능, 토익까지 거의 평생 해온 영어 공부지만 유독 영어 말하기 앞에서 주눅 드는 학생들에게 통 암기도 시켜보고 다독여도 보고 발표도 시켜가며 여러가지 방법을 시도했지만 역시나 주입식 영어교육이 더 익숙한 대한민국의 수험생들을 빠른 시간안에 목표에 도달하게 해주는 공부 방법은 따로 있더군요.

■ 템플릿이 곧 가성비

주변에서 토스 점수를 이미 받았다는 친구나 직장동료들을 보아도 특출 나게 영어 말하기를 잘 하거나 토익 점수가 월등하게 높은 사람들은 많지 않습니다. 단지 차이는 얼마나 효율적으로 공부 했는가의 차이입니다. 템플릿의 활용도에 따라 최소한의 시간과 비용을 투자해서 최대한의 점수를 받아내느냐가 결정되는 것입니다. 물론 공부를 아주 조금만 해도 템플릿이 무조건적인 성공을 보장한다는 의미는 아닙니다. 하루 두 시간씩 2주 동안 성실하게 공부한다면 다른 수험서로 똑같이 하루 두 시간씩 공부했을 때보다 훨씬 더 높은 효율과 결과를 만들어 낼 수 있어야 합니다.

■ 세상에! 이런 방법을 처음부터 알았더라면

자스민토스 인강, 현강 수험생들의 후기를 보면 놀랍게도 빠지지 않고 반드시 등장하는 단어가 한 개 있습니다. 바로 매.직.앤.써!! "매직앤써 최고! 템플릿이 미쳤어요." "매직앤써.. 그저 빛입니다." 등의 감탄사는 쉽게 찾아볼 수 있을 것입니다. 자스민토스는 유료광고 하나 없이 친구의 친구, 선배의 직장동료가 차례로 와서 듣는 강의가 되었습니다. 특히 다른 공부방법으로 한번 좌절해본 학생들이 더 많이 찾아와 줄줄이 점수를 받고 릴레이로 감사의 인사를 전해주시기에 저자역시도 그분들에게 받은 에너지로 공부를 게을리하지 않고 변화하는 시험유형에 맞춰 계속적인 연구를 이어나갈 수 있었습니다.

■ 여러분은 영어를 못하는 것이 아닙니다.

'저는 영어가 노베이스에요' 라고 말하는 학생들 대부분이 2주 안에 최소 레벨 6-7 이상을 받고 졸업합니다. 정말로 그들이 말하는 노베이스라면 이런 일이 가능한 것일까요? 그동안 접했던 수많은 영어교과서들이 여러분의 잠재 의식 속에 남아 있습니다. 까맣게 잊고 지내던 영어들을 다시 살려 깨워주는 것이 저의 가장 큰 역할이자 매직앤써 템플릿의 존재 이유입니다. 이것은 모든 템플릿들이 초등 고학년에서 중학교 2학년 수준의 어휘와 문법으로만 구성되어 있기에 가능한 일입니다. 함께 매직앤써를 암기하며 어릴 적 배웠던 문장과 단어들이 스르륵 기억나며 아주 자연스럽게 입에서 베어나올 수 있도록 저자는 단순히 여러분을 안내하는 것입니다. 여러분은 결코 노베이스가 아닙니다. 초중영어가 평생영어라는 말처럼 최소 중학교 이상 졸업하신 분들은 용기와 자신감을 가지고 토스에 도전해보세요.

■ 이젠 영어점수로 좌절하지 마세요.

앞서 말씀드렸지만 이 책만 본다고 해서 기적처럼 점수가 쑥쑥 오르거나 하는 일은 절대 없을 것입니다. 토익스피킹은 결코 만만한 시험이 아닐뿐더러 말하기 시험 특성상 입이 마르고 닳도록 반복훈련을 해야만 어느정도 결과가 나와주는 시험이기 때문입니다. 단, 열심히 성실하게 공부하실 준비가 되어있는 분들은 어디서도 경험할 수 없었던 최고의 효율과 눈부신 결과를 얻어내실 거라 확신합니다. 본 교재는 목표에 따라 짧게는 5일, 길게는 20일 동안 공부하는 플랜에 최적화 되어있습니다. 일주일에서 한 달만 투자해 그토록 갖고 싶은 IH/AL 이상을 이뤄 내 보세요. 취업, 진급, 연봉인상 바라시는 모든 것들 이루어 지실 겁니다.

목차

Part 1 Read a Text Aloud   나도 라디오 DJ 처럼!

Part 2 Describe a Picture   사진 30초컷 어렵지 않아요.

Part 3 Respond to Questions   왜 나는 순발력이 없을까?

교재 120% 활용법

1 각 파트별로 녹음되어 있는 수험자들의 답변 음성을 비교해 나의 실력을 파악하고 목표를 설정한다.

2 QR코드를 통해 원어민 음성파일 MP3를 다운받고 Final Test 영상을 통해 실제 시험처럼 연습한다.

3 YBM 인강 무료강의 QR코드를 촬영해 무료 온라인 강의를 듣는다.

4 부록으로 제공되는 매직앤써 미니북을 활용해 학습 효과를 극대화한다.

학습플랜

1 5일 플랜

최단 기간 벼락치기 플랜. 영어 말하기 실력이 중간 이상이며, 이번 주말에 당장 토익스피킹 시험을 앞두고 있는 수험자들을 위한 플랜입니다.

Mon	Tue	Wed	Thur	Fri
Q1-2/Q3-4	Q5-7	Q8-10	Q11	Final Test 1-3

2 10일 플랜

단기간 열흘 집중플랜. 현강에서 가장 많은 학생들이 선호하는 플랜으로 2주 후 시험을 앞두고 있는 수험생들을 위한 플랜입니다.

Mon	Tue	Wed	Thur	Fri
Q1-2	Q3-4	Q5-7	Q5-7	Q8-10

Mon	Tue	Wed	Thur	Fri
Q8-10	Q11	Q11	Final Test 1	Final Test 2,3

3 20일 플랜

꼼꼼하게 실력을 향상시키는 플랜. 영어 말하기에 자신이 없거나 토익스피킹 시험이 처음인 수험생들을 위한 플랜입니다.

Mon	Tue	Wed	Thur	Fri
Q1-2	Q1-2	Q3-4	Q3-4	Q5-7

Mon	Tue	Wed	Thur	Fri
Q5-7	Q5-7	Q5-7	Q8-10	Q8-10

Mon	Tue	Wed	Thur	Fri
Q8-10	Q8-10	Q11	Q11	Q11

Mon	Tue	Wed	Thur	Fri
Q11	전 문항 복습	Final Test 1	Final Test 2	Final Test 3

토익스피킹 기초정보

① TOEIC Speaking Test 소개

- **문항 수:** 총 11개의 문제로 구성되어 있으며, 5개의 문제 유형으로 나뉩니다.
- **난이도 :** 문장을 따라 읽는 쉬운 문제부터 자신의 의견을 제시하는 문제까지 다양한 난이도의 문제가 출제됩니다.
- **시　간:** 약 20분 정도가 소요됩니다.
- **평　가:** 1-10번 문제는 0-3점, 11번 문제는 0-5점 범위 내에서 각각 1점 단위로 평가됩니다. 같은 유형내에서는 쉬운 과제보다 어려운 과제에 가중치가 적용되고 총점은 0점에서 200점의 점수 범위로 환산됩니다

문제 번호	문제 유형	답변 준비 시간	답변 시간	평가 기준	채점용 점수
1-2	Read a text aloud 문장 읽기	45초	각 45초	발음 억양과강세	0-3
3-4	Describe a picture 사진 묘사하기	45초	30초	(위의 항목들 포함) 문법,어휘,일관성	0-3
5-7	Respond to questions 듣고 질문에 응답하기	각 3초	5번 : 15초 6번 : 15초 7번 : 30초	(위의 항목들 포함) -내용의 관련성 -내용의 완성도	0-3
8-10	Respond to questions using information provided 제공된 정보를 사용하여 질문에 답하기	정보 읽는 시간 :45초 답변 준비 시간 : 각 3초	8번 : 15초 9번 : 15초 10번 : 30초 (문제 2회 반복)	위의 모든 항목들	0-3
11	Express an opinion 의견 제시하기	45초	60초	위의 모든 항복들	0-5

* 최신 레벨변경 개정내용 반영

2 **TOEIC Speaking Test 준비물**

- 신분증
  - **A 대학(원)생 및 일반인** : 주민등록증, 운전면허증, 기간 만료 전의 여권, 공무원증,
    기간 만료 전의 주민등록증 발급신청확인서

  - **B 학생** : 국내 학생증, 기간 만료 전의 여권, 청소년증
    (상기 신분증이 없는 수험자는 홈페이지에서 '신분확인증명서'를 다운로드하여 작성 후 지참)

  - **C 군인** : 장교 및 부사관 신분증, 군무원증, 군복무확인서
    (상기 신분증이 없는 수험자는 홈페이지에서 '신분확인증명서'를 다운로드하여 작성 후 지참)

3 **TOEIC Speaking Test 채점 과정**

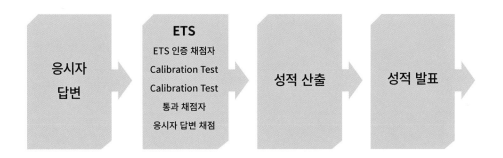

· Scoring Leader (채점 총괄 책임자)와 시험 개발자들이 채점 과정을 감독합니다.

· Calibration Test는 ETS 전문 채점자가 채점 당일 반드시 치러야 하는 시험으로, 기존에 채점한 답변 내용 중 무작위로 출제되는 답변 내용들을 다시 채점하여 기존의 성적 결과와 일정 수준 이상 동일해야만 채점에 참여할 수 있습니다.

토익스피킹 레벨 설명

Advanced High 환산점수 200

- 개정 전 Level 8
- 통상적인 회사 업무에 적합한 일관성 있고 지속적인 대화가 가능하다.
- 의견을 표현하거나 복잡한 요구 사항에 대해 응답할 때 쉽게 이해할 수 있다. 단순한 문장 구조와 복잡한 문장 구조 모두 자유롭게 사용하며 어휘도 적절하게 사용한다.
- 구어체 영어를 사용하여 질문에 답하고 기본적인 정보를 제공할 수 있다.

Advanced Mid 환산점수 180-190

- 개정 전 Level 7-8
- 통상적인 회사 업무에 적합한 일관성 있고 지속적인 대화가 가능하다. 의견을 표현하거나 복잡한 요구 사항에 대해 응답할 수 있다. 길게 응답해야 하는 경우, 아래와 같은 결점이 나타나기도 하지만 의사소통을 방해할 정도는 아니다.
  - ▶ 발음, 억양이 약간 부자연스럽거나 말할 때 멈칫하는 경우가 있다.
  - ▶ 복잡한 문장 구조를 사용할 때 간혹 실수를 한다.
  - ▶ 어휘를 부적절하게 사용할 때가 가끔 있다.
- 구어체 영어를 사용하여 질문에 답하고 기본적인 정보를 제공할 수 있다.
- 큰 소리로 문장을 읽을 때 알아듣기 쉽다.

Advanced Low 환산점수 160-170

- 개정 전 Level 7
- 의견을 표현하거나 복잡한 요구 사항에 대해 응답해야 할 경우, 관련성 있는 답변을 할 수 있다. 그러나,아래와 같은 결점으로 인해 알아듣기 힘든 경우가 종종 있다.
  - ▶ 말을 할 때 발음이 부정확하거나 억양이나 강세가 약간 어색하다.
  - ▶ 문법적인 실수가 있다
  - ▶ 어휘사용이 제한적이다
- 대부분의 경우 질문에 답하고 기본적인 정보를 제공할 수 있지만, 이를 알아듣기 어려울 때 있다.
- 큰 소리로 문장을 읽을 떼 알아들을 수 있다.

Intermediate High 환산점수 140-150

- 개정 전 Level 6
- 의견을 표현하거나 복잡한 요구 사항에 대해 응답할 때 약간의 어려움이 있다. 아래와 같은 문제들이 응답에 나타난다.
  - ▸ 말이 부정확하거나, 모호하거나 반복적이다.
  - ▸ 듣는 사람을 거의 또는 전혀 의식하지 않는다.
  - ▸ 오랫동안 말을 안하고 자주 멈칫한다.
  - ▸ 생각을 표현하고 이를 연계하는 것이 제한적이다.
  - ▸ 어휘사용이 제한적이다.
- 대부분의 경우 질문에 답하고 기본적인 정보를 제공할 수 있지만 알아듣기 어려운 경우가 종종 있다.
- 큰 소리로 문장을 읽을 때 대체로 알아들을 수 있지만 발음, 억양, 강세가 어색할 수도 있다.

Intermediate Mid (1,2,3) 환산점수 110-130

- 개정 전 Level 5-6
- 의견을 표현하거나 복잡한 요구사항에 대해 응답하지 못한다. 응답이 한 문장이나 짧은 구로 제한될 수있다. 아래와 같은 문제들이 응답에 나타난다.
  - ▸ 언어 사용에 심각한 제한이 따른다.
  - ▸ 듣는 사람을 거의 또는 전혀 의식하지 않는다.
  - ▸ 발음, 억양, 강세에 지속적인 어려움이 따른다.
  - ▸ 오랫동안 말을 안하고 자주 멈칫한다
  - ▸ 어휘사용이 상당히 제한적이다.
- 대부분의 경우 질문에 답하거나 기본적인 정보를 제공하지 못한다.
- 큰 소리로 문장을 읽을 때 알아들을 수 없는 경우가 종종 있다. 발음, 억양 및 강세가 대체로 부자연스럽다.

Intermediate Low 환산점수 90-100

- 개정 전 Level 4
- 의견을 어렵게 표현할 수 있지만 이를 뒷받침 하지는 못한다. 복잡한 요구 사항에 대한 응답이 매우 제한적이다.
- 대부분의 경우 질문에 답하거나 기본적인 정보를 제공하지 못한다.
- 단순한 묘사를 하는데 필요한 어휘와 문법 실력이 부족할 수 있다.
- 큰 소리로 문장을 읽을 때 이해하기 어려운 경우가 많다.

Novice High 환산점수 60-80

- 개정 전 Level 3-4
- 의견을 표현하지 못하거나 표현하더라도 이를 뒷받침하지 못한다. 복잡한 요구 사항에 대해 응답하지 못하거나 응답에 전혀 연관성이 없다.
- 전반적으로 응답을 이해하기 어렵다.
- 큰 소리로 문장을 읽을 때 알아듣기 어렵다.

Novice Mid/Low 환산점수 0-50

- 개정 전 Level 1-2
- 대부분의 질문에 답하지 못한다.
- 지시 내용이나 질문 내용을 이해하는 데 필요한 청취 및 독해 실력을 갖추지 못했다.

토익스피킹 점수 환산법

레벨	환산점수	Question 11	Question 8-10/5-7	Question 3-4/1-2
AH	200	5점	모두 3점	모두 3점
AM	180-190	4점 혹은 5점	모두 혹은 거의 모두 3점	모두 혹은 거의 모두 3점
AL	160-170	3점 혹은 4점	모두 2점 혹은 그 이상	대부분 3점
IH	140-150	2점 혹은 3점	대부분 2점 /일부 3점 대부분 2점 / 일부 1점	대부분 2점
IM	110-130	2점	일부 2점 / 일부 1점	일부 2점 / 일부 1점
IL	90-100	1점 혹은 2점	대부분 1점	일부 2점 / 일부 1점
NH	60-80	1점	대부분 1점이거나 무응답	대부분 1점
NM/NL	0-50	무응답이거나 주제에서 벗어남	무응답이거나 주제에서 벗어남	무응답이거나 주제에서 벗어남

TOEIC Speaking Test는 난이도가 낮은 유형보다 높은 유형에 대한 응답이 전체 점수에 더 큰 영향을 줍니다. 따라서 가중치가 높아 총점에 영향을 많이 주는 Question 11 부터 역순으로 표에 제시하였습니다. 각 점수가 나타내는 것은 채점용 점수이며 제시된 점수들의 수는 해당 유형 안에서 몇 문제나 그 점수를 받았는지를 나타냅니다.

예) 환산점수 180-190의 경우: Question 11은 4점 혹은 5점, Questions 5-10 중 모든 문제 혹은 거의 모든 문제가 3점, Questions 1-4 중 모든 문제 혹은 거의 모든 문제에서 3점을 받은 것입니다.

Part 1.

Read a Text Aloud

나도 라디오 DJ 처럼!

Direction: In this part of the test, you will read aloud the text on the screen. You will have 45 seconds to prepare. Then you will have 45 seconds to read the text aloud.

큰 소리로
지문 따라 읽기

디렉션: 이번 파트에서는 화면에 보이는 지문을 큰 소리로 따라 읽게 됩니다. 45초 동안 답변을 준비하며 45초 동안 지문을 읽게 됩니다.

① Part 1 문항구성

Part 1은 화면의 지문을 큰 소리로 따라 읽는 파트입니다. Q1-Q2 총 두 문항이 출제되며 준비시간 45초, 답변시간 45초가 주어집니다. 45초간 여러분의 목소리를 휴대폰에 직접 녹음하며 다음 지문을 또박또박 읽어보세요.

TOEIC Speaking   **Question 1-2**

At today's science seminar, we will learn how looking at photographs can stimulate our memory. Our guest speaker Dr. Emily Johnson will discuss her research on the topic. Dr. Johnson has also presented this research at international conferences in Germany, Italy and India. Please welcome her to the stage.

PREPARATION TIME	RESPONSE TIME
00:00:45	00:00:45

---

② Part 1 개요

문제번호	문제유형	답변 준비시간	답변시간	평가기준	채점용 점수
Questions 1-2	Read a Text Aloud 문장 소리내어읽기	각 45초	각 45초	발음 억양과강세	0-3점

Part 1 평가기준

■ 발음

배점	평가기준
3점	타 언어의 영향이나 가벼운 실수가 약간 있을 수 있으나 알아듣기 매우 쉽다.
2점	타 언어의 영향이나 실수가 있으나 대체로 알아듣기 쉽다.
1점	타 언어의 영향이 커서 지문을 적절하게 표현하는 데 영향을 주지만 가끔은 알아들을 수 있다.
0점	무응답이거나 응답과 과제 간의 연관성이 전혀 없다.

■ 억양/강세

배점	평가기준
3점	강조, 끊어 읽기 억양을 지문에 적합하게 구사한다
2점	강조, 끊어 읽기 억양을 대체로 지문에 적합하게 구사하는 편이나 실수가 있고 타 언어의 영향을 약간 받는다.
1점	강조, 끊어 읽기 억양을 지문에 적합하게 구사하지 못하며 타 언어의 영향을 심하게 받는다.
0점	무응답이거나 응답과 과제 간의 연관성이 전혀 없다.

배점	평가기준
3점	답변과 사진 간에 연관성이 있으며 적절한 세부 사항이 포함돼 있다. - 거의 항상 매끄럽고 일관되게 표현하며 평가자가 이해하는 데 거의 어려움이 없다. - 정확하고 사진과 관련이 있는 어휘를 사용한다. - 생각을 조리 있게 표현할 수 있는 구문을 사용한다.
2점	답변과 사진 간에 연관성이 있지만 중요한 내용을 빠뜨리거나 그다지 중요하지 않은 세부 사항을 얘기하는 데 시간을 보낸다. - 대체로 매끄럽게 표현하지만 평가자가 이해하는 데 다소 어려움이 있다. - 어휘가 부족한 편이고 때때로 부정확할 수 있다. - 구문 사용 능력이 부족할 수 있으며 전반적으로 이해하는 데에 지장을 줄 수도 있다.
1점	답변과 사진 간에 연관성이 있을 수 있지만 내용 전달에 한계가 있다. - 말이 오래 끊기고, 자주 망설이며, 평가자가 이해하는 데 상당히 어려움이 있다. - 어휘 사용이 부정확해서 의미전달에 방해될 수 있고 같은 어휘를 자주 반복적으로 사용할 수 있다. - 구문 사용이 내용을 이해하는 데 크게 지장을 준다.
0점	무응답이거나 답변과 사진 간의 연관성이 전혀 없다.

17

④ 점수대별 답변 들어 보기

IM3 130   ▶ MP3 Part1-01

AL 160   ▶ MP3 Part1-02

AH 200   ▶ MP3 Part1-03

파트1 고득점 요령

첫째, 답변 준비시간 45초를 충분히 활용하자!

준비 시간에는 눈으로만 읽지 말고 반드시 소리 내어 읽는다. 꼼꼼히 읽어보면서 주의해야 할 단어들, 억양과 강세, 그리고 끊어 읽는 포인트를 상기시켜야 답변시간에 지문을 실수 없이 읽을 수 있다.

둘째, 중요한 단어는 강조해서 읽고 끊어 읽기와 강세를 살리자!

현명사나 동사 같은 중심단어들이나 비교급, 최상급 같은 중요한 형용사들을 다른 단어에 비해서 강조해서 읽는다. 특히 영어를 읽을 때 지루할 정도로 일정하게 읽는 사람들이 있다. 끊어 읽기, 억양은 채점의 중요한 요소이므로 앞으로 배울 끊어 읽기와 강세를 충분히 연습해 채점자들이 자연스럽다고 느낄 수 있게 하자.

셋째, 자신감 있는 큰 소리로 천천히 또박또박 읽자!

파트1은 읽어야 하는 지문의 양에 비해 시간을 넉넉하게 준다. 시간에 구애 받지 말고 천천히 또박또박 읽는다. 오히려 급하게 읽다가 실수할 수도 있다. 혹시 실수를 했더라도 큰 감점 요인은 아니니 당황하지 말고 틀린 부분을 침착하게 꼭 다시 읽어주면 된다.

Part 1 기본에 충실하기

1 숫자, 날짜, 단위, 지명, 외래어 등을
정확하게 읽어 감점을 줄인다!

1 숫자, 연도 날짜 및 단위 ▶ MP3 Part1-04

> **1995** (nineteen ninety-five)
>
> └ 1990년대는 두 자리씩 끊어서 읽는다.

> **2019** (two thousand nineteen), **2021** (twenty twenty-one)
>
> └ 2000년 이후부터는 thousand로 읽거나 그대로 두 자리씩 끊어서 읽는다.

> **Room 507** (room five zero(ou) seven)
>
> └ 수량이 아닌 고유 번호일 때는 한 자리씩 읽는다.

> **1-800-205-3462** (one eight hundred two zero(ou) five three four six two)
>
> └ 1800번은 업체 번호 앞에 쓰이며 one eight hundred 로 읽는다.

> **$12.85** (twelve dollars eighty five cents)
>
> └ 미국 화폐는 점을 기준으로 왼쪽은 dollar 오른쪽은 cent 이며 복수로 읽는다.

> **22°C** (twenty-two degrees Celsius)
>
> **45°F** (forty-five degrees Fahrenheit)
>
> └ 약어로 된 단위는 풀어서 읽어야 하며 복수로 읽는다.

2 날짜 읽기 MP3 Part1-05

■ 날짜를 읽을 때는 반드시 서수로 읽는다.

Jan.1	January first	**Feb.2**	February second	**Mar.3**	March third
Apr.4	April fourth	**May.5**	May fifth	**Jun.16**	June sixteenth
Jul.27	July twenty seventh	**Aug.18**	August eighteenth	**Sep.22**	September twenty second
Oct.10	October tenth	**Nov.11**	November eleventh	**Dec.12**	December twelfth

■ 날짜 통째로 읽어보기  MP3 Part1-06

1	2	3	4	5	6	7
First	Second	Third	Fourth	Fifth	Sixth	Seventh
[fɜːrst]	[sékənd]	[θɜːrd]	[fɔːr]	[fɪfθ]	[sɪksθ]	['sevnθ]
8	**9**	**10**	**11**	**12**	**13**	**14**
Eighth	Ninth	Tenth	Eleventh	Twelfth	Thirteenth	Fourteenth
[eɪtθ]	[naɪnθ]	[tenθ]	[ilévənθ]	[twélfθ]	[θə́ːrtíːnθ]	[fɔ́ːrtíːnθ]
15	**16**	**17**	**18**	**19**	**20**	**21**
Fifteenth	Sixteenth	Seventeenth	Eighteenth	Nineteenth	Twentieth	Twenty-first
[fíftíːnθ]	[sìkstíːnθ]	[sévəntíːnθ]	[èitíːnθ]	[nàintíːnθ]	[twéntiiθ]	[Twenty-fɜːrst]
22	**23**	**24**	**25**	**26**	**27**	**28**
Twenty-second	Twenty-third	Twenty-fourth	Twenty-fifth	Twenty-sixth	Twenty-seventh	Twenty-eighth
[Twenty-sékənd]	[Twenty-θɜːrd]	[Twenty fɔːr]	[Twenty fɪfθ]	[Twenty sɪksθ]	[Twenty 'sevnθ]	[Twenty eɪtθ]
29	**30**	**31**				
Twenty-ninth	Thirtieth	Thirty-first				
[Twenty-naɪnθ]	[θə́ːrtiiθ]	['θɜːrti-fɜːrst]				

21

3 지명 및 외래어  MP3 Part1-07

Los Angeles	로스 앤젤레스(x) 로스 애인절러스(O)
Manhattan	맨하탄(x) 맨해튼(O)
Asia	아시아(x) 에이지아(O)
Peru	페루(x) 퍼루(O)
Argentina	아르헨티나(x) 알젠티나(O)
Athens	아테네(x) 애쓴즈(O)
Chile	칠레(x) 췰리(O)
vitamin	비타민(x) 바이러먼(O)
amateur	아마추어(x) 애머츄어(O)
marathon	마라톤(x) 매러쓴(O)
supermarket	슈퍼마켓(x) 쑤퍼(r)마킷(O)
novel	노벨(x) 나벌(O)

4 인터넷 주소, 이메일 읽기  MP3 Part1-08

■ w를 부드럽게, 인터넷 주소는 철자가 아닌 단어 그대로를 읽습니다.

www.toeicspeaking.com
double u double u double u dot TOEIC Speaking dot com

www.newyorkuviversity.edu
double u double u double u dot New York University dot edu

jasminetos@naver.com
Jasminetos at Naver dot com

5 외래어 콩글리시 발음 교정 ▶ MP3 Part1-09

Camera	(카메라X) 캐머롸
Buffet	(부페X) 버페(f)이
Radio	(라디오X) 뤠이디오
Banana	(바나나X) 버내너
Supermarket	(슈퍼마켓X) 쑤퍼(r)마(r)킷
vitamin	비타민(x) 바이러먼
amateur	아마추어(x) 애머츄어
marathon	마라톤(x) 매러쓴
novel	노벨(x) 나벌

6 약어 읽기 ▶ MP3 Part1-10

Dr.	doctor
Dept.	department
Ext.	extension
St.	saint/ street (지명 앞 saint, 뒤 street)
Ave.	avenue
Blvd.	boulevard
No.	number

2 단어의 강세법칙을 알면 모르는 단어도 문제 없다!

1 / 동사와 명사 ▶ MP3 Part1-11

■ 같은 철자의 단어라도 품사에 따라 강세 위치가 달라진다.
명사는 주로 1음절에 동사는 2음절에 강세가 온다.

· r<u>e</u>cord 기록   rec<u>o</u>rd 기록하다

· pr<u>o</u>ject 과제   proj<u>e</u>ct 기획하다

· pr<u>e</u>sent 선물   pres<u>e</u>nt 수여하다

· c<u>o</u>nflict 갈등   confl<u>i</u>ct 상충하다

· d<u>i</u>scount 할인   disc<u>o</u>unt 할인하다

· r<u>e</u>fund 환불   ref<u>u</u>nd 환불하다

2 / 복합명사 ▶ MP3 Part1-12

■ 복합명사란 두 개 이상의 명사가 만나 하나의 뜻을 이루는 명사를 말한다.
대부분의 경우 첫 번째 단어에 강세가 온다

· <u>air</u>plane 비행기

· <u>back</u>ache 요통

· <u>cow</u>boy 카우보이

· <u>rain</u>drop 빗방울

· <u>birth</u>day 생일

· <u>news</u>paper 신문

3 복합동사

■ **명사+동사 일 때는 앞 단어에 강세가 온다.**

- <u>house</u>keep 살림하다
- <u>window</u>-shop 구경하고 다니다.
- <u>baby</u>-sit 아이를 돌보다.

■ **동사와 부사가 합쳐진 경우는 뒤쪽 부사에 강세가 온다.**

- Look <u>up</u> 찾아보다
- turn <u>on</u> 켜다
- put <u>off</u> 연기하다
- get <u>out</u> 나가다

■ **동사와 전치사가 합쳐진 경우는 앞쪽 동사에 강세가 온다.**

- <u>apply</u> for 지원하다
- <u>look</u> at 바라보다
- <u>care</u> for 좋아하다
- <u>listen</u> to 듣다

4 접미사 MP3 Part1-14

■ -tion, -sion, -ic, -ian, -ial, -ious 등이 붙는 단어는
   접미사 바로 앞 음절에 강세가 온다.

· communication 의사소통

· decision 결정

· historic 역사의

· pedestrian 보행자

· beneficial 이로운

· delicious 맛있는

■ -y 로 끝나는 단어는 y에서 앞 두 번째 모음에 강세가 온다.

· biology 생물학

· geography 지리학

· celebrity 유명인

■ 접미사가 붙어서 강세가 바뀌는 예

· Academy 학교 - academic 학업의 - academician 학자

· nation 국가 - nationality 국적 - nationalization 국유화

3 지문의 출처를 생각하여 생동감 있게 읽는다.

시험에서는 다양한 종류의 지문이 출제된다. 지문의 특성에 맞는 어조와 분위기로 실제 지문의 출처 느낌을 내 주어야 한다. ▶ MP3 Part1-15

기내 안내문 승무원처럼 친절하고 명랑한 어조로 또박또박 읽는다.

Ladies and gentlemen, we are now arriving at Hong Kong Airport.

신사 숙녀 여러분, 우리는 곧 홍콩 공항에 도착할 예정입니다.

광고문 제품과 서비스를 강조하며 밝고 구미가 당기게 읽는다.

Are you planning a vacation? Then, consider Renaissance Tour.

휴가를 계획하세요? 그럼 Renaissance Tour를 생각해 보세요.

방송안내문 차분하고 똑똑한 어조로 정확하게 전달하고자 하는 정보를 읽어준다.

On todays' news, I have two announcements to introduce.

오늘의 뉴스에서는 전달해 드릴 두 가지 소식이 있습니다.

소개문 인물이나 행사를 소개할 때는 기대심리를 유도할 수 있도록 중요한 부분을 잘 강조하며 밝은 어조로 읽는다.

Now, we are proud to have Jack Marcello, the author of the 'Wonderful Life.'

지금 우리는 Wonderful Life' 의 작가이신 Jack Marcello를 만나게 된 것이 자랑스럽습니다.

전화 음성 메시지 전화 음성 안내 성우처럼 정확한 발음에 유의하고 숫자나, 끊어 읽기에 특히 신경 쓴다.

Thank you for calling Silver Community Center. We are open from 9AM to 6PM, Monday thru Friday.

Silver Community Center에 전화 주셔서 감사합니다. 저희는 월요일부터 금요일, 오전 9시부터 오후 6시까지 문을 엽니다.

Magic Solution

자스민의 파트1 초치기비법

비법 1

적절한 곳에서 끊어 읽는다!

자연스런 끊어 읽기는 원활한 의사소통에 매우 중요합니다. 다음의 끊어 읽는 지점을 참고하여 예문을 자연스럽게 호흡하며 읽어보세요.

1 쉼표, 마침표

> Please turn off smartphones, / laptops, / tablets. //

스마트폰, 노트북 컴퓨터, 그리고 태블릿의 전원을 꺼주세요.

2 접속사, 관계사

> Everyone loves our products / which are made from the high quality materials / and have low prices. //

모두가 높은 품질의 재료로 제작된 저렴한 가격의 우리 제품을 좋아합니다.

3 명사구

> Our new leader Mr. Peterson / will bring to our company / a great vision. //

우리의 새로운 리더 Peterson씨가 우리 회사에 위대한 비전을 가져다 줄 것입니다.

4 / 전치사구

> We anticipate the heavy thunderstorms / in the early evening. //

우리는 오전에 심한 폭풍을 예상합니다.

5 / 중요한정보 (고유명사, 시간, 요일, 날짜 등)

> Thank you for calling / Welly Travel Agency. // We are open / Monday through Saturday. //

Welly 여행사에 전화 주셔서 감사합니다.
우리는 월요일부터 토요일까지 영업합니다.

▶ MP3 Part1-17

■ 앞의 끊어 읽는 포인트를 참고하여 다음 지문을 읽고 각각의 빈칸에 끊어 읽는
이유를 생각 해보세요.

At today's science seminar, / (1) we will learn / (2) how looking at photographs / (3) can stimulate our memory. // (4) Our guest speaker Dr. Emily Johnson / (5) will discuss her research / (6) on the topic. // (7) Dr. Johnson has also presented this research / (8) at international conferences / (9) in Germany, / (10) Italy / (11) and India. // (12) Please welcome her / (13) to the stage. // (14)

(1)쉼표 (2) 관계사 (3) 명사구 (4) 마침표 (5) 명사구

(6) 전치사구 (7) 마침표 (8) 전치사구 (9) 전치사구 (10) 쉼표

(11) 접속사 (12) 마침표 (13) 전치사구 (14) 마침표

오늘 과학 세미나에서는 사진을 보는것이 어떻게 우리의 기억을 자극하는가에 대해 학습 할것입니다. 우리의 초청 연사이신 Emily Johnson 박사님께서 이 주제에 관한 자신의 연구결과에 대해 말씀해 주실 것입니다. Johnson 박사님은 또한 이 연구를 독일, 이탈리아, 그리고 인도에서의 국제 회의에서도 발표하였습니다. 그녀를 무대로 환영해주시기 바랍니다.

어휘학습

stimulate 자극하다   memory 기억, 메모리   present 발표하다

비법 2
억양과 강세 지켜서 읽기 MP3 Part1-18

알맞은 억양과 강세를 적용해 지문을 읽으면 자연스럽게 들릴 뿐만 아니라 지문
내용이 잘 전달될 수 있습니다. 문장부호에 따라 억양을 구분하고 단어의 쓰임에
따라 강세를 적용해 적당한 강약을 지켜보세요.

1 / 문장부호와 억양

다음 문장부호에 맞추어 억양을 올리거나 내려 읽어보세요.

1 마침표 ▸ 끝을 내려읽음

You have reached Miller Science Museum. ↘
Miller 과학 박물관 입니다.

2 쉼표 ▸ 끝을 올려읽음

To speak with a repersentative, ↗ plaese remain on the line. ↘
상담원과 연결 하시려면 대기 해주십시오.

3 느낌표 ▸ 끝을 내려읽음

We have the perfect place for you! ↘
여러분을 위한 완벽한 장소가 있습니다.

4 물음표 (의문사가 없는 의문문) ▶ 끝을 올려읽음

Do you plan on moving soon? ↗

곧 이사갈 계획이십니까?

5 물음표 (의문사로 시작하는 의문문) ▶ 끝을 내려읽음

What are you looking for? ↘

무엇을 찾으십니까?

2 / 단어와 강세

1 내용어 (내용과 의미를 담고 있는 중요한 키워드단어)

- 강세O, 속도 천천히
- 명사, 동사, 형용사, 부사, 한정사, 분사, 감탄사 등

2 기능어 (중요한 의미 없이 문법적인 연결 기능만을 하는 단어)

- 강세X, 속도 빠르게
- 관사, 조동사, 대명사, 전차사, 소유격 등

Ladies and Gentlemen, ↗ We''ll be landing shortly at San Francisco

International Airport. ↘

■ 앞의 내용을 참고하여 다음 지문에서 밑줄 쳐 있는 단어들이 강세를 받는 이유에
  대해 생각해보세요.

At today(1)'s science seminar(2), we will learn(3) how looking at photographs(4)

can stimulate(5) our memory(6). Our guest speaker Dr. Emily Johnson(7) will

discuss(8) her research(9) on the topic(10). Dr. Johnson(11) has also(12) presented(13)

this research(14) at international conferences(15) in Germany, Italy and India(16).

Please(17) welcome(18) her to the stage.(19)

친절한 피드백

(1) 명사 (2) 명사구 (3) 동사 (4) 현재분사 (5) 동사

(6) 명사 (7) 명사구 (8) 동사 (9) 명사 (10) 명사 (11) 고유명사

(12) 한정사 (13) 과거분사 (14) 명사 (15) 명사 (16) 고유명사

(17) 감탄사 (18) 동사 (19) 명사

비법 3

발음 실수 최소화하기 MP3 Part1-19

지문을 읽으면서 가능한 실수하는 횟수만 줄여도 고득점에 유리해집니다. 다음은 한국인 응시자들이 자주 틀리는 발음입니다.

1 단복수

1 관사 (a, an, the) 빠뜨리지 않기!

2 복수표현 (-s -es) 챙겨서 읽기!

> It is an organization that helps small businesses.
> 그곳은 소규모 사업자들을 돕는 기관이다.

2 시제

1 과거형, 완료형의 -ed 까지 정확하게 읽기

2 불규칙동사 특히 원형과 동일한 철자로 쓰는 단어 유의하기

> I read an article that said they remembered their birth.
> 나는 그들이 자신들의 출생을 기억한다는 기사를 읽었다.

3 줄임말

줄임말 임의로 늘여서 읽지 않기

> You'll see how reasonable our prices are.
>
> 여러분은 우리의 가격이 얼마나 저렴한지 알게 되실 겁니다.

4 날짜

날짜는 반드시 서수로 읽기

> The event will be held from May 5 to May 21.
>
> 그 행사는 5월 5일부터 5월 21일까지 개최됩니다.

5 중간강세

2-3음절에 강세가 있는 단어에 유의하기

> Our office suppies will help improve work efficiency.
>
> 저희 사무용품이 업무효율을 향상시키는데 도움을 줄 것입니다.

■ 앞의 내용을 참고하여 다음 지문에 밑줄 친 단어들을 정확하게 발음해보세요.

At today's science seminar, we will learn how looking at **photographs**(1) can **stimulate**(2) our memory. Our guest **speaker**(3)Dr. Emily Johnson will discuss her research on the topic. Dr. Johnson has also **presented**(4) this research at **international conferences**(5) in Germany, Italy and India. Please welcome her to the stage.

친절한 피드백

(1) photographs [ˈfoʊtəɡræfs] 복수형 주의

(2) stimulate [ˈstɪmjuleɪt] 강세주의

(3) speaker [ˈspiːkə(r)] 강세주의

(4) presented [prɪˈzentɪd] 과거분사형 주의

(5) international conferences [ɪntərˈnæʃnəl ˈkɑːnfərəns]
    강세주의, 복수형 주의

과제 및 실전훈련

1 개회사  MP3 Part1-20

Thank you for attending our annual corporate party. You're here tonight to celebrate 25 years of success of the fashion industry. Here at Ramy's Style, our goals are to give customers quality service, low prices, and excellent products. Since we all contribute to the success of our company, we meet these goals everyday.

》》 친절한 피드백 》》

Thank you for attending / our annual corporate party. ↘ // You're here tonight / to celebrate 25 years of success / of the fashion industry. ↘ // Here at Ramy's Style, ↗ / our goals are to give customers / quality service, ↗ / low prices, ↗ / and excellent products. ↘ // Since we all contribute to the success of our company, ↗ / we meet these goals everyday. ↘ //

연례 회사 파티에 참석해 주셔서 감사합니다. 여러분은 패션 산업에서 25년간의 성공을 축하하기 위해 오늘 밤 여기 오셨습니다. 이곳 Ramy's Style 에서는 고객에게 양질의 서비스와 저렴한 가격, 우수한 제품을 제공하는 것이 목표입니다. 우리 모두는 회사의 성공에 기여하기 때문에 매일 이러한 목표를 달성합니다.

 어휘학습

annual 연례의   celebrate 축하하다   contribute 기여하다   goal 목표

2 날씨예보  MP3 Part1-21

In today's weather update record, low temperatures will continue in the Southeast area. The drop in temperature will be accompanied by strong winds, clouds, and a chance of snow. Because the weather isn't expected to warm up for the remainder of the week, be sure to dress warmly.

친절한 피드백

In today's weather update record, ↗/ low temperatures will continue / in the Southeast area. ↘// The drop in temperature will be accompanied / by strong winds, ↗/ clouds, ↗/ and a chance of snow. ↘// Because the weather isn't expected to warm up / for the remainder of the week, ↗/ be sure to dress warmly. ↘//

오늘 업데이트된 기상 기록에 의하면 남동쪽 지역에서 낮은 기온이 계속되겠습니다. 기온 하락은 강한 바람과 구름, 그리고 눈이 올 수 있는 확률을 동반하겠습니다. 이번주의 남은 기간동안 날씨가 따뜻해지지 않을 것으로 예상되기 때문에 옷차림에 꼭 신경 쓰시기 바랍니다.

 어휘학습

temperature 온도   drop 하락   accompany 동반하다   remainder 나머지

3 전화 음성 안내문 MP3 Part1-22

You have reached Jamie's Shoe store located in the Central Shopping Center. Our hours of operation are Saturday through Wednesday from 10:00 AM to 8:00 PM. All our employees are busy serving other customers. After the beep, please leave a detailed message with your name, number, and a reason for calling. We'll return your call as soon as possible.

친절한 피드백

You have reached Jamie's Shoe Store ↗/ located in the Central Shopping Center. ↘// Our hours of operation are / Saturday through Wednesday / from 10:00 AM / to 8:00 PM. ↘// All our employees are busy / serving other customers. ↘// After the beep, ↗/ please leave a detailed message with your name, ↗/ number, ↗/ and a reason for calling. ↘// We'll return your call as soon as possible. ↘//

Central Shopping Center에 위치한 Jamie's 신발가게입니다. 저희 매장 영업시간은 토요일부터 수요일 오전 10시부터 오후 8시까지입니다. 저희 회사 전 직원은 현재 다른 손님들을 응대하고 있습니다. 삐 소리가 난 후, 이름과 번호, 그리고 전화하신 이유를 상세히 남겨주세요. 가능한 한 빨리 전화 드리겠습니다.

 어휘학습

shoe store 신발가게   operation 운영

Welcome to Welington City Primary School conference. It's my pleasure to introduce our school's new principal, Susan Keller. Ms. Keller will focus on making classes creative, communicating with parents, and cooperating with co-teachers. Since she has over thirty years of experience in education, I'm confident she will show us valuable leadership. Now, please welcome Ms. Susan Keller.

친절한 피드백

Welcome to / Welington City Primary School conference. ↘// It's my pleasure / to introduce our school's new principal, ↗/ Susan Keller. ↘// Ms. Keller will focus on / making classes creative, ↗/ communicating with parents, ↗/ and cooperating with co-teachers. ↘// Since she has over thirty years of experience in education, ↗/ I'm confident / she will show us valuable leadership. ↘// Now, / please welcome Ms. Susan Keller. //

Welington 시 초등학교 회의에 오신것을 환영합니다. 저희 학교의 새 교장선생님 Susan Keller 씨를 소개하게 되어 영광입니다. Ms. Susan씨는 수업을 창의적으로 만들고, 부모와 소통하며, 동료 교사들과 협력하는 데 집중할 것입니다. 그녀는 30년 이상의 교육 경험을 가지고 있기 때문에, 저는 그녀가 가치 있는 리더십을 보여줄것이라고 자신합니다. 이제, Ms. Susan Keller씨를 환영해주세요.

 어휘학습

primary school 초등학교   focus on~ ~에 집중하다
cooperate 협력하다   confident 자신감있는

TOEIC Speaking

Question 1-2: Read a Text Aloud.

Directions: In this part of the test, you will read aloud the text on your screen. You will have 45 seconds to prepare. Then you will have 45 seconds to read the text aloud.

TOEIC Speaking   Question 1 of 11

Ladies and gentlemen, our flight to Miller Town will be departing shortly. Passengers should proceed to the gate number 14. For faster boarding, please get your driver's license, passport, or other photo identification ready. During the flight, no food service will be provided since this is a short trip. However, we'll be offering beverages.

TOEIC Speaking

Question 1-2: Read a Text Aloud.

Directions: In this part of the test, you will read aloud the text on your screen. You will have 45 seconds to prepare. Then you will have 45 seconds to read the text aloud.

TOEIC Speaking   Question 2 of 11

At Bolt Running Store, we have running shoes, clothing and accessories you'll need to get moving. Because most of our staff used to be competitive runners, you can get the best advice about purchasing your equipment. Come and race toward your goals.

정답 및 해설 1

 MP3 Part1-24

 Ladies / and gentlemen, ↗/ our flight to Miller Town / will be departing shortly. ↘// Passengers should proceed to the gate number 14. ↘// For faster boarding, ↗/ please get your driver's license, ↗/ passport, ↗/ or other photo identification / ready. ↘// During the flight, ↗/ no food service will be provided / because this is a short trip. ↘// However, ↗/ we'll be offering beverages. ↘//

 신사 숙녀 여러분, Miller 타운행 비행기가 곧 출발합니다. 승객들은 14번 탑승구로 가셔야 합니다. 더 빠른 탑승을 위해 운전면허증, 여권, 또는 다른 사진 신분증을 준비하세요. 비행 중에는 짧은 여행이기 때문에 음식 서비스는 제공되지 않습니다. 하지만 음료는 저희가 제공할 것입니다.

 어휘학습

passenger 승객   proceed 진행하다   boarding 탑승
identification 신분증   beverage 음료

정답 및 해설 2

MP3 Part1-25

At Bolt Running Store, ↗/ we have running shoes, ↗/ clothing ↗/ and / accessories / you'll need to get moving. ↘// Because most of our staff used to be competitive runners, ↗/ you can get the best advice / about purchasing your gear. ↘// Come ↗/ and race toward your goals. ↘//

Bolt 러닝 스토어에는 러닝화, 의류, 액세서리 등이 준비되어 있습니다. 우리 직원 대부분이 경쟁력 있는 주자들이었기 때문에, 여러분은 장비를 구입하는 것에 대한 최고의 조언을 얻을 수 있습니다. 와서 당신의 목표를 향해 달려가세요.

어휘학습

staff 직원　competitive 경쟁력 있는　gear 장비

FAQ Part1 자주 묻는 질문

Q 시간이 남으면 감점인가요?

A 아니요, 그렇지 않습니다. 정상속도로 읽었을 때 시간이 조금 남는 것이 맞습니다. 지문을 다 읽고 나면 보통 10초~20초 사이의 시간이 남게 되는데 그냥 내버려 두시면 됩니다. 개인차에 따라 이보다 더 많이 남거나 적게 남을 수도 있습니다.

Q 읽다가 틀리면 어떡하죠?

A 지문을 읽다가 틀리는 실수는 누구나 흔히 할 수 있습니다. 실수했다는 것을 모르면 문제가 될 수 있지만 실수를 인지하고 즉각 정정하여 다시 말하면 큰 감점 없이 넘어갈 수 있습니다.

Q 저는 말하는 속도가 너무 느려서 45초 안에 다 읽기가 힘듭니다. 끝부분이 잘리게 되면 감점이 큰가요?

A 지문 하나를 다 읽기에 45초는 충분한 시간입니다. 만일 질문자님의 읽기 속도가 너무 느리다면 단순히 말이 느린 것인지, 아니면 중간중간 어려운 단어들을 더듬거나 한참 생각하느라 그런 것인지를 파악해야 합니다. 단순한 속도의 문제라면 원어민 음성을 따라하며 속도를 맞추는 연습을 많이 하시면 됩니다. 그렇지 않고 어휘의 어려움이라면 파트1 지문에 자주 등장하는 단어들과 표현들을 정리해두고 연습 해보실 필요가 있습니다.

Part 2.

Describe a Picture

사진 30초 컷, 어렵지 않아요!

Direction: In this part of the test, you will describe the picture on your screen, in as much detail as you can. You will have 45 seconds to prepare your response. Then you will have 30 seconds to speak about the picture.

파트2

사진 묘사하기

디렉션: 이번 파트에서는 화면에 보이는 사진을 최대한 자세히 묘사해야 합니다.
준비시간은 45초가 주어지고 답변시간은 45초입니다.

1 Let's Try! 파트2 미리보기

2 Basic Skill 기본에 충실하기

3 **Magic Solution 자스민의 "초치기" 비법**

4 Idea Bank 힘이 되는 답변 아이디어

5 Actual Practice 과제 및 실전훈련

6 FAQ 파트2 자주 묻는 질문

① Part 2 문항구성

Part 2는 화면에 보이는 사진을 묘사하는 파트입니다. Q3-Q4 두 문항이 출제되며 준비시간 45초, 답변시간 30초가 주어집니다. 30초간 여러분의 목소리를 휴대폰에 직접 녹음하며 다음 사진을 묘사해보세요.

TOEIC Speaking | Question 3

PREPARATION TIME	RESPONSE TIME
00:00:45	00:00:30

② Part 2 개요

문제번호	문제유형	답변 준비시간	답변시간	평가기준	채점용 점수
Questions 3-4	Describe a Picture 사진 묘사하기	각 45초	각 30초	발음 억양과 강세 문법, 어휘, 일관성	0-3점

③ 평가기준

배점	평가기준
3점	답변과 사진 간에 연관성이 있으며 적절한 세부 사항이 포함돼 있다. - 거의 항상 매끄럽고 일관되게 표현하며 평가자가 이해하는 데 거의 어려움이 없다. - 정확하고 사진과 관련이 있는 어휘를 사용한다. - 생각을 조리 있게 표현할 수 있는 구문을 사용한다.
2점	답변과 사진 간에 연관성이 있지만 중요한 내용을 빠뜨리거나 그다지 중요하지 않은 세부 사항을 얘기하는 데 시간을 보낸다. - 대체로 매끄럽게 표현하지만 평가자가 이해하는 데 다소 어려움이 있다. - 어휘가 부족한 편이고 때때로 부정확할 수 있다. - 구문 시용 능력이 부족할 수 있으며 전반적으로 이해하는 데에 지장을 줄 수도 있다.
1점	답변과 사진 간에 연관성이 있을 수 있지만 내용 전달에 한계가 있다. - 말이 오래 끊기고, 자주 망설이며, 평가자가 이해하는 데 상당히 어려움이 있다. - 어휘 사용이 부정확해서 의미전달에 방해될 수 있고 같은 어휘를 자주 반복적으로 사용할 수 있다. - 구문 사용이 내용을 이해하는 데 크게 지장을 준다.
0점	무응답이거나 답변과 사진 간의 연관성이 전혀 없다.

④ 점수대별 답변 들어 보기

IM3 130  MP3 Part2-01

AL 160 MP3 Part2-02

AH 200 MP3 Part2-03

파트2 고득점 요령

첫째, 답변 준비시간에 어휘와 표현을 많이 생각해두자!

준비시간에 사진과 관련 있는 단어들과 표현들을 최대한 많이 떠올려야 한다.
모르는 사물이나 표현이 있을 경우에는 아는 단어를 조합해서 돌려 말해주면 된다.

둘째, 현재시제와 현재 진행시제를 사용하자!

현재시제와 현재 진행시제를 사용하면 답변 내용을 좀더 생동감 있게 전달할 수
있으므로 시제에 유의해야 한다.

셋째, 답변 시간 30초 안에 마무리 할 수 있도록 시간관리를 하자!

매끄러운 순서와 답변 구성으로 답변시간 안에 사진의 전반적인 묘사를 모두 끝
마칠 수 있도록 시간을 지켜 말하는 연습을 해야 한다.

 **Part 2 기본에 충실하기**

1 사진묘사 순서 익히기

 사진이 찍힌 장소 말하기   ▶ MP3 Part2-04

 이것은 도서관에서 찍힌 사진 입니다.

This is a picture taken at a library.

💡 **Jasmine's tip**
· This is a picture taken~   ~에서 찍힌 사진입니다.

 사진 안의 인원수 언급하기

이 사진 안에는 두 명의 사람들이 있습니다.

There are two people in this picture.

💡 **Jasmine's tip**
· There are ~ people in this picture. 이 사진 안에는 ~명의 사람들이 있습니다.

중심 인물 묘사하기- (1) 인물의 위치, 성별, 신분

사진의 가운데에 사서처럼 보이는 한 여자가 있습니다.

In the middle of the picture, there is a woman who looks like a librarian.

 Jasmine's tip

· On the middle of the picture, there is (are) ~ 사진의 가운데에 ~가 있다.

· Who looks like a~ ~처럼 보이는

 Step 4 중심 인물 묘사하기- (2) 인물의 인상착의

그녀는 검정 셔츠를 입었습니다.

She is wearing a black shirt.

 Jasmine's tip

· He(she) is wearing~ 그 (또는 그녀)는 ~을 입고 있다.

★ 참고! 의복이나 장신구 앞에는 안경과 바지 등 복수형태의 명사를 제외하고 관사 a, an을 붙인다.

> **Step 5** 중심 인물 묘사하기- (3) 인물의 행동

그녀는 책상에 앉아서 무언가를 적고 있습니다.

She is sitting at the desk and writing down something.

 Jasmine's tip

· He(she) is ~ 그 (또는 그녀)는 ~을 하고 있다.

★ 참고! Be+ (동사원형)ing 형태의 현재진행 시제를 사용하여 생동감을 준다.

> **Step 6** 주변 인물 묘사하기- 인물의 위치, 성별, 신분, 행동

그녀의 맞은편에 모니터를 바라보고 있는 한 손님이 보입니다.

In front of her, I can see a customer looking at a monitor.

 Jasmine's tip

· In front of ~ ~의 맞은편에 I can see ~ ~을 볼 수 있다(~이 보인다)

★ 참고! 다양한 표현을 위해 There is(are)~ 와 I can see~를 골고루 사용한다.

Step 7 주변 사물 묘사하기

사진의 배경에는 책장에 진열되어진 많은 책들이 있습니다.

In the background of the picture, there are many books displayed on the bookshelves.

 Jasmine's tip

· in the background of the picture 사진의 배경에는

★ 참고! 사람이나 사물 명사 바로 뒤 분사를 연결하여 명사의 상태를 수식한다.

 Step 8 상항 및 느낌을 말하며 마무리 하기

아마도 사서는 손님이 책 찾는 것을 도와주고 있는 것 같습니다.

Maybe the librarian is helping the customer finding books.

 Jasmine's tip

★ 참고! 추측하여 말할 때는 maybe 또는 I think 등의 수식어를 붙여 상황을 자연스럽게 표현한다.

■ 다음 사진을 보며 표 안의 해설을 참고하여 빈칸을 채우고 순서에 맞춰 묘사해보세요.

1	사진이 찍힌 장소	이것은 옷가게에서 찍힌 사진입니다. This is a picture taken at _____ .
2	인원수 말하기	이 사진에는 두 명의 사람이 있습니다. There are _____ in this picture.
3	중심인물묘사	사진의 왼쪽에는, 직원처럼 보이는 여자가 있습니다. _____ of the picture, there is _____ who _____ .
4	-인상착의	그녀는 분홍색 유니폼을 입고 있습니다. She is wearing _____ .
5	-동작	그녀는 신용카드와 파란색 종이봉투를 건네주고 있습니다. She's _____ a credit card and _____ .
6	주변인물묘사	그녀의 맞은편에 신용카드를 건네받는 손님이 보입니다. _____ her, I can see a customer _____ the credit card.
7	공통점묘사	그들은 서로 마주보며 웃고 있습니다. They are _____ at each other.
8	주변사물묘사	사진의 배경에 옷걸이에 걸려있는 옷들이 많이 있습니다. _____ of the picture, there are _____ .
9	마무리	아마도 손님이 약간의 옷을 사고 있는 것 같습니다. Maybe the customer is buying _____ .

💡 **Jasmine's tip**
★ 참고! 인물들의 공통점이 있을 때는 인물묘사의 마무리로 공통점을 묘사해 준다.

▶ MP3 Part2-05

1	사진이 찍힌 장소	This is a picture taken at a clothing store.
2	인원수 말하기	There are two people in this picture.
3	중심인물묘사	On the left side of the picture, there is a woman who looks like an employee.
4	-인상착의	She is wearing a pink uniform.
5	-동작	She's handing over a credit card and a blue paper bag.
6	주변인물묘사	In front of her, I can see a customer receiving the credit card.
7	공통점묘사	They are smiling at each other.
8	주변사물묘사	In the background of the picture, there are many clothes hanging on the racks.
9	마무리	Maybe the customer is buying some clothes.

 어휘학습

clothing store 옷가게   employee 직원   hand over 건네주다   credit card 신용카드
receive 받다

자스민의 파트2 초치기비법

 비법 1

시간 분배! 시간 안에 끝내려면 타이머를 체크하라!

≫ "5초/10초의 법칙"

어떠한 경우에도 시간이 모자라거나 남지 않도록 30초 안에 묘사를 한다는 건 결코 쉽지 않은 일이기 때문에 시간분배 전략은 사진묘사에서 필수입니다. 지금부터 효과적인 시간 분배 비법을 알아봅니다.

1	장소와 인원수	인트로 5초	
2	중심그룹묘사 - 신분 - 공통점 - 행동	제 1 대상 10초	총 30초
3	주변그룹묘사	제 2 대상 5초	
4	주변사물묘사	제3 대상 5초	
5	마무리	아우트로 5초	

위 시간분배를 고려했을 때 고사장에서 타이머가 30초부터 거꾸로 카운트 된다는 점을 감안하면 각 대상을 시작해야 하는 시간은 다음과 같습니다. (타이머에 남아있는 시간 기준임)

▶ MP3 Part2-06

인트로	This is a picture taken at a flower shop. There are two people in this picture.	← 30초
제1대상	On the left side of the picture, there is a woman who looks like a florist. She is wearing a black apron. She is wrapping some white flowers.	← 25초 전후
제2대상	In front of her, I can see a customer looking at the flowers.	← 15초 전후
제3대상	In the background of the picture, there are many beautiful flowers and some tools.	← 10초 전후
아우트로	Maybe the customer is buying some flowers.	← 5초 전후

 어휘학습

florist 꽃가게 주인, 또는 점원   apron 앞치마   wrap 포장하다
tools 도구   placed 놓여져 있는

61

■ 다시 한번 다음 사진을 보며 아래에 있는 우리말과 시간을 참고하여 30초 안에 사진을 묘사해 보세요.

인트로	이것은 꽃가게에서 찍힌 사진입니다. 이 사진 안에는 두 명의 사람들이 있습니다.	30초
제1대상	사진의 왼쪽에 점원처럼 보이는 여자가 있습니다. 그녀는 검정 앞치마를 입었습니다. 그녀는 흰 꽃들을 포장하고 있습니다.	25초 전후
제2대상	그녀의 맞은편에 꽃을 바라보고 있는 손님이 보입니다.	15초 전후
제3대상	사진의 배경에는 많은 예쁜 꽃들과 도구들이 있습니다.	10초 전후
아우트로	아마도 손님이 꽃을 사고 있는 것 같습니다.	5초 전후

비법 2

뭉쳐야 산다! 여러 인물들을 모아 딱 두 그룹으로 만들어라!

≫ "2인의 법칙"

Part 2 에서는 한 사람이 등장하는 사진부터 수십 명의 사진까지 다양한 예측할 수 없는 인원의 변수가 있습니다. 그러나 답변 시간은 단 30초. 이 시간 안에 자세한 묘사가 가능한 인원은 딱 두 명까지! 이제부터 비슷한 행동을 하는 인물들은 한 그룹으로 묶어 한 인물 분량으로 묘사합니다.

위 사진은 모두 네 명의 사람들로 구성되어 있지만 묘사가 용이하도록 다음과 같이 두 명으로 조절합니다.

▶ MP3 Part2-07

1 On the left side of the picture, there are a clerk and a customer. They are facing each other. I think the man is paying at the counter.

2 On the right side of the picture, I can see two other customers sitting at their tables.

1 사진의 왼쪽에 점원과 손님이 있습니다. 그들은 서로 마주보고 있습니다. 제 생각에는 남자가 카운터에서 계산을 하고 있는것 같습니다.

2 사진의 오른쪽에 테이블에 앉아 있는 다른 두 명의 손님이 보입니다.

■ 다음 사진을 보며 우리말을 참고하여 사진에 동그라미 표시된 인물들을 한꺼번에 묘사해 보세요.

 A

사진의 앞쪽에 테이블에 앉아 발표자를 바라보고 있는 세 명의 사람들이 보입니다.

my answer :

_____

B

사진의 배경에 플랫폼을 따라 같은 방향으로 걷고 있는 많은 사람들이 보입니다.

my answer :

_____

■ **Model Answer** ▶ MP3 Part2-08

A. In the foreground of the picture, I can see three people sitting at the table and looking at the speaker.

B. In the background of the picture, I can see many people walking along the platform in the same direction.

 어휘학습

sitting at the table 테이블에 앉다   speaker 발표자
platform 플랫폼   in the same direction 같은 방향으로

앞서 나온 5초/10초의 법칙을 고려했을 때 각 대상을 시작해야 하는 시점은 다음과 같습니다. (타이머에 남아있는 시간 기준임)

▶ MP3 Part2-09

인트로	장소 인원수	This is a picture taken at a cafeteria. There are four people in this picture.	30초
제1대상	중심 그룹묘사 - 공통점 - 행동	On the left side of the picture, there are a clerk and a customer. They are facing each other. I think the man is paying at the counter.	25초 전후
제2대상	주변 그룹묘사	On the right side of the picture, I can see two other customers sitting at their tables.	15초 전후
제3대상	주변 사물묘사	In the background of the picture, there is a menu board hanging from the ceiling.	10초 전후
아웃트로	마무리	Maybe customers are enjoying their time at the cafeteria.	5초 전후

 어휘학습

cafeteria 식당   pay 지불하다   menu board 메뉴보드
hanging from the ceiling 천정에 걸려있는

■ 다시 한번 다음 사진을 보며 아래에 있는 우리말과 시간을 참고하여 30초 안에
사진을 묘사해 보세요.

인트로	장소 인원수	이것은 식당에서 찍힌 사진입니다. 이 사진 안에는 네 명의 사람들이 있습니다.	30초
제1대상	중심 그룹묘사	사진의 왼쪽에 점원과 손님이 있습니다. 그들은 서로 마주보고 있습니다. 제 생각에 남자가 카운터에서 계산을 하고있는것 같습니다.	25초 전후
제2대상	주변 그룹묘사	사진의 오른쪽에 테이블에 앉아있는 다른 두 명의 손님이 보입니다.	15초 전후
제대상	주변사물	사진의 배경에 천정에 걸려있는 메뉴판이 있습니다.	10초 전후
아우트로	마무리	아마도 손님들이 이 식당에서 자신들의 시간을 즐기고 있는 것 같습니다.	5초 전후

비법 3

배경중심 사진도 예외는 없다!

 "배경 나누기"

간혹 사람이 없거나 배경이 중심인 사진이 출제되기도 합니다. 그런 경우에는 배경이나 사물 자체가 중심대상이 되어 자연스런 묘사가 이루어질 수 있도록 합니다.

제 3 대상

제 2 대상

제 1 대상

▶ MP3 Part2-10

인트로	This is a picture taken at the river. There are many trees, boats and buildings in this picture.	◀ 30초
제1대상	In the foreground of the picture, there is a river and I can a big body of water. There are some boats floating on the water.	◀ 25초 전후
제2대상	On the right side of the picture, I can see many other boats anchored along the riverside.	◀ 15초 전후
제3대상	On either side of the picture, there are many palm trees and buildings lined up along the river.	◀ 10초 전후
아우트로	It looks like a sunny day.	◀ 5초 전후

■ 다시 한번 다음 사진을 보며 아래에 있는 우리말과 시간을 참고하여 30초 안에
사진을 묘사해 보세요.

인트로	이것은 강에서 찍힌 사진입니다. 이 사진 안에는 많은 나무와 배 그리고 건물들이 있습니다.	30초
제1대상	사진의 앞쪽에 강이 있고 커다란 물줄기가 보입니다. 물 위에 떠다니는 배들도 있습니다.	25초 전후
제2대상	사진의 오른편에는 강 기슭을 따라 정박된 많은 배들이 보입니다.	15초 전후
제3대상	사진의 양 옆에는 강을 따라 줄지어진 많은 야자수와 건물들이 있습니다.	10초 전후
아우트로	이것은 마치 햇살 좋은 날인 것 같습니다.	5초 전후

 어휘학습

float (물에) 뜨다, 띄우다   anchor (배를)정박시키다, 고정하다   riverside 강기슭

Idea Bank

Part 2 힘이 되는 답변 아이디어

1 장소를 나타내는 표현

This is a picture taken ~
이것은 ~에서 찍힌 사진이다.

실내	실외
indoors 실내에서	outdoors 야외에서
at a restaurant 식당에서	at the beach 바닷가에서
at a clothing store 옷가게에서	at the lake 호수에서
at a flower shop 꽃가게에서	at a bus stop 버스정류장에서
at a hair salon 미용실에서	at a train station 기차역에서
at an airport 공항에서	at a market 시장에서
at a cafeteria 카페테리아에서	at an outdoor café 야외 카페에서
at a supermarket 슈퍼마켓에서	at an outdoor restaurant 야외 식당에서
at a warehouse 창고에서	at the waterfront 물가에서
at a gym 체육관에서	in a park 공원에서
in an office 사무실에서	in a playground 운동장에서
in a meeting room 회의실에서	in the street 거리에서
in a classroom 교실에서	in a garden 정원에서
in a conference room 회의실에서	in a square 광장에서
in a hotel room 객실에서	
in a laboratory 연구실에서	
in a living room 거실에서	

▶ 실내 장소에서 주로 상점이나 비즈니스를 목적으로 하는 장소의 경우 전치사 at을 사용한다.

▶ 사진의 장소를 한국어로 번역했을 때 '~실, ~방 ~홀' 이라는 말로 끝나는 건물 안의 특정 공간을 나타낼 때는 in 을 사용한다.

▶ 실외 장소에서는 버스정류장, 카페처럼 특정 지점일 경우 at을, 길거리나 공원처럼 드넓은 장소일 경우 in을 주로 사용한다.

2 인원수를 나타내는 표현

There is ~ ~가 있다(단수)	one person 한 사람	
There are~ ~가 있다(복수)	two people 두 사람 three people 세 사람 four people 네 사람 several people 여러 명의 사람 many (a lot of) people 많은 사람	in this picture. 이 사진 안에

■ 다음 사진을 보며 우리말을 참고하여 사진이 찍힌 장소와 사진 안의 인원수를 빠르게 말해보세요.

A

이것은 교실에서 찍힌 사진입니다.

이 사진 안에는 많은 사람들이 있습니다.

my answer :

_____

_____

B

이것은 구내식당에서 찍힌 사진입니다.

이 사진 안에는 여러 명의 사람들이 있습니다.

my answer :

_____

_____

■ **Model Answer**  MP3 Part2-11

A. This is a picture taken in a classroom.

There are many people in this picture.

B. This is a picture taken at a cafeteria.

There are several people in this picture.

3 사진의 구도와 인물을 나타내는 표현

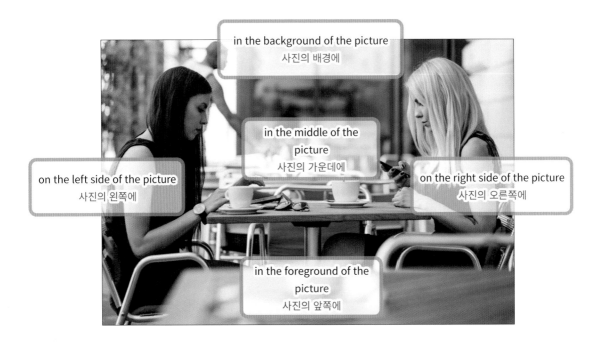

in the background of the picture
사진의 배경에

in the middle of the picture
사진의 가운데에

on the left side of the picture
사진의 왼쪽에

on the right side of the picture
사진의 오른쪽에

in the foreground of the picture
사진의 앞쪽에

in the middle of the picture 사진의 가운데에	there is (are) ~이 있다.	a man 한 남자
in the background of the picture 사진의 배경에		a woman 한 여자
		a teacher 선생님
in the foreground of the picture 사진의 앞쪽에	I can see ~을 볼 수 있다	a waiter 웨이터
		two men 두 명의 남자
on the right side of the picture 사진의 오른쪽에		three women 세 명의 여자
		a few children 약간의 아이들
on the left side of the picture 사진의 왼쪽에		many people 많은 사람들
		a band 공연 팀

4 인물의 인상착의를 나타내는 표현

1. 외모관련 표현

a (the) man has 남자는 a (the) woman has 여자는 he has 그는 she has 그녀는 they have 그들은	long hair 긴 머리 이다. gray hair 흰(회색) 머리 이다. brown hair 갈색 머리이다. blond(남) blonde(여) 금발머리 이다. curly hair 곱슬(웨이브가 있는) 머리이다. a ponytail 하나로 묶은 머리이다. pigtails 양 갈래 머리이다. a mustache 콧수염이 있다. a beard 턱수염이 있다.

2. 복장 관련 표현

a (the) man(woman) is wearing~ 남자(여자)가 ~을 입고(착용하고) 있다. he(she) is wearing~ 그(그녀)는 ~을 입고(착용하고) 있다.	a pink shirt 분홍 셔츠 a striped shirt 줄무늬 셔츠 a floral patterned shirt 꽃무늬 셔츠 a white jacket 흰 재킷 a short sleeved shirt 반팔 셔츠 a sleeveless shirt 민소매 셔츠 gray pants 회색 바지 blue shorts 파란 반바지 a collared shirt 옷깃이 있는 셔츠 a necklace 목걸이 glasses 안경 formal attire 정장

5 인물의 행동을 나타내는 표현

1. 상점

a (the) man(woman) is ~ing 남자(여자)가 ~을 하고 있다. he(she) is ~ing 그(그녀)는 ~을 하고 있다.	examine some items 상품을 살펴보다 shop for groceries 식료품을 쇼핑하다 pay at the counter 카운터에서 계산하다 help customer 손님을 돕다 hand over a credit card 신용카드를 건네주다 push a shopping cart 쇼핑카트를 밀다

2. 교실

a (the) man(woman) is ~ing 남자(여자)가 ~을 하고 있다. he(she) is ~ing 그(그녀)는 ~을 하고 있다.	take a class 수업을 듣다 take a test 시험을 보다 listen to a teacher 선생님 말씀을 듣다 write down something on the note 공책에 무언가를 적다 raise one's hand 손을 들다 read a book 책을 읽다

3. 사무실, 회의실

a (the) man(woman) is ~ing 남자(여자)가 ~을 하고 있다. he(she) is ~ing 그(그녀)는 ~을 하고 있다.	sit around the table 테이블에 둘러 앉다 give a presentation 발표를 하다 have a meeting 회의를 하다 hold some documents 서류를 들다 point at the screen 스크린을 가리키다 look at the speaker 발표자를 바라보다 talk on the phone 전화통화를 하다

4. 식당, 카페

a (the) man(woman) is ~ing 남자(여자)가 ~을 하고 있다. he(she) is ~ing 그(그녀)는 ~을 하고 있다.	sit at the table 테이블에 앉다 eat some food 음식을 먹다 drink some coffee 커피를 마시다 take an order 주문을 하다 serving some food 음식을 나르다 have meals 식사를 하다 talk to each other 서로 대화를 나누다 look for a table 테이블을 찾다

5. 길거리

a (the) man(woman) is ~ing 남자(여자)가 ~을 하고 있다. he(she) is ~ing 그(그녀)는 ~을 하고 있다.	walk along the street 길을 걷다 walk on the sidewalk 인도를 걷다 cross the street 길을 건너다 get on the bus 버스에 올라타다 ride a bicycle 자전거를 타다 wait in line 줄을 서다

6. 공원

a (the) man(woman) is ~ing 남자(여자)가 ~을 하고 있다. he(she) is ~ing 그(그녀)는 ~을 하고 있다.	walk along the path 산책로를 따라 걷다 jog along the path 산책로를 따라 조깅하다 take a picture 사진을 찍다 walk the dog 개를 산책시키다 sit on the bench 벤치에 앉다 hold each other's hands 서로 손을 잡다

7. 해변, 물가

a (the) man(woman) is ~ing 남자(여자)가 ~을 하고 있다. he(she) is ~ing 그(그녀)는 ~을 하고 있다.	walk along the shore 해안을 따라 걷다 swim in the water 물속에서 수영하다 walking in the shallow water 얕은 물에서 걷다 enjoy the sun 태양을 즐기다 take a boat ride 보트를 타다 sun bathe 일광욕하다 rest under the umbrella 파라솔 아래서 휴식하다

8. 강당, 극장

a (the) man(woman) is ~ing 남자(여자)가 ~을 하고 있다. he(she) is ~ing 그(그녀)는 ~을 하고 있다.	give a performance 공연을 하다 concentrate on the movie 영화에 집중하다 eat some popcorns 팝콘을 먹다 play musical instrument 악기를 연주하다 sing into the microphone 마이크에 노래 부르다 stand on the stage 무대에 서 있다

■ 다음 사진을 보며 우리말을 참고하여 사진에 동그라미 표시된 인물을 묘사해
보세요.

A

사진의 앞쪽에 두 명의 남자가 있습니다.

그들은 안전모와 안전조끼를 착용했습니다

그들을 함께 지도를 들고 그것을 보고 있습니다.

my answer :

_____

_____

B

사진의 가운데에 한 여자가 있습니다.

그녀는 겨울 재킷을 입고 베이지색 니트모자를 썼습니다.

그녀는 눈사람을 만들고 있습니다.

my answer :

_____

_____

■ Model Answer  MP3 Part2-12

A. In the foreground of the picture, there are two men.

They are wearing safety helmets and vests.

They are holding a map and looking at it together.

B. In the middle of the picture, there is a woman.

She is wearing a winter jacket and a knitted hat.

She is building a snowman.

어휘학습

safety helmet 안전모   safety vest 안전조끼

look at 바라보다   knitted hat 니트로 만들어 진 모자

6 주변 사물을 나타내는 표현

1. 상점

There is (are) A B C C에 B되어있는 A가 있다. I can see A B C C에 B되어있는 A를 볼 수 있다.	items displayed on the shelves 선반에 진열되어 있는 물건들 clothes hanging on the racks 옷걸이에 걸려있는 옷들 a paper bag placed on the counter 카운터에 놓여있는 종이백 mannequins standing behind the showcase window 쇼윈도 뒤에 서 있는 마네킹들

2. 교실, 사무실, 회의실, 강당

There is (are) A B C C에 B되어있는 A가 있다. I can see A B C C에 B되어있는 A를 볼 수 있다.	a bulletin board hanging on the wall 벽에 걸린 게시판 books piled up on the desk 책상 위에 놓여 있는 책 a projector hanging from the ceiling 천정에 달려 있는 영사기 documents placed on the table 테이블에 놓여져 있는 서류

3. 식당, 카페

There is (are) A B C C에 B되어있는 A가 있다 I can see A B C C에 B되어있는 A를 볼 수 있다.	a menu board hanging on the wall 벽에 걸린 메뉴판 frames hanging on the wall 벽에 걸린 액자 glasses and plates placed on the table 테이블에 놓여있는 잔과 접시들 a sign saying ~ ~라고 쓰여있는 간판 a lamp hanging from the ceiling 천정에 달려있는 등

4. 길거리, 공원

There is (are) A B C C에 B되어있는 A가 있다. I can see A B C C에 B되어있는 A를 볼 수 있다.	cars running on the road 길 위를 달리는 차들 buildings lined up along the street 길가에 줄지어진 건물들 trees planted throughout the park 공원을 아울러 심어진 나무들 the train waiting at the station 역에서 대기하는 기차

5. 해변, 물가

There is (are) A B C C에 B되어있는 A가 있다 I can see A B C C에 B되어있는 A를 볼 수 있다.	a ship anchored at the pier 부두에 정박해 있는 배 umbrellas scattered on the beach 바닷가에 흩어져 있는 파라솔들 pine trees planted along the beach 해안을 따라 심어진 소나무들 a boat floating on the river 강에 떠다니는 배

■ 다음 사진을 보며 우리말을 참고하여 사진에 동그라미 표시된 사물을 묘사해 보세요.

A

사진의 앞쪽에 테이블에 놓여 있는 와인 잔과 접시들이 있습니다.

my answer :

_____

_____

B

사진의 배경에 길을 따라 줄지어 있는 많은 건물들이 보입니다.

my answer :

_____

_____

 친절한 피드백

■ Model Answer  MP3 Part2-13

A. In the foreground of the picture, there are some wine glasses and plates placed on the table.

B. In the background of the picture, I can see many buildings lined up along the street.

 어휘학습

plate 접시   placed on ~에 놓여진
lined up 줄지어진   along ~를 따라

7 / 느낌 및 상황을 나타내는 표현

Maybe they are 아마도 그들은 ~것(~인 것) 같다	having a good time 좋은 시간을 보내는 enjoying their meals 즐겁게 식사를 하는 looking for a place to have lunch 점심식사 할 장소를 찾고 있는 shopping for some accessories 장신구를 쇼핑하고 있는 students 학생들 business people because of their attire 복장으로 보아 업무를 하는 사람들 having an important meeting 중요한 회의를 하고 있는
It looks like ~ 그것은 마치 ~인 것처럼 보인다.	a small peaceful town 작은 조용한 마을 a very popular store 인기 있는 상점 a sunny day 맑은 날 a good day to take a walk 산책하기 좋은 날

■ 다음 사진을 보며 우리말을 참고하여 사진의 느낌 또는 상황을 묘사해보세요.

A

날씨가 맑은 날인 것 같습니다.

my answer :

_____

_____

B

그들은 제과점에서 빵을 쇼핑 하고 있는 것 같습니다.

my answer :

_____

_____

■ **Model Answer**  MP3 Part2-14

A. It looks like a sunny day.

B. Maybe they are shopping for some bread at the bakery.

과제 및 실전훈련

1 2인 중심 사진

장소 및 인원수	
제 1대상	
제 2대상	
제3 대상	
마무리	

MP3 Part2-15

제 1 대상

제 2 대상

주변 사물

장소 및 인원수	This is a picture taken at a coffee shop. There are two people in this picture.
제 1대상	On the left side on the picture, there is a woman who looks like an employee. She is wearing a gray apron. I think she is taking an order.
제 2대상	In the middle of the picture, I can see a customer holding a paper cup and finding something in her bag.
제 3대상	In the background of the picture, there are some cups and bottles displayed on the shelves.
마무리	Maybe the customer is buying some coffee at the coffee shop.

 어휘학습

take an order 주문을 받다   hold 들다, 잡다   bottle 병   displayed 진열 되어진

이것은 커피숍에서 찍힌 사진입니다. 이 사진에는 두 사람이 있습니다. 사진 왼쪽에는 직원처럼 보이는 여자가 있습니다. 그녀는 회색 앞치마를 입고 있습니다. 그녀는 주문을 받고 있는 것 같습니다. 사진의 가운데에는 종이컵을 들고 가방에서 무언가를 찾고 있는 손님이 보입니다. 사진의 배경에는 컵과 병들이 선반에 진열되어 있습니다. 아마도 손님이 커피숍에서 커피를 사고 있는 것 같습니다.

2 3-4인 중심 사진

장소 및 인원수	
제 1대상	
제 2대상	
제 3대상	
마무리	

MP3 Part2-16

장소 및 인원수	This is a picture taken at a gym. There are three people in this picture.
제 1대상	In the middle of the picture, there are two men. They are wearing training suits. They are takling to each other while looking at a notepad.
제 2대상	Behind them, I can see another man sitting down and exercising.
제 3대상	In the background of the picture, there are many fitness facilities.
마무리	Maybe they working out at the gym.

 어휘학습

gym 체육관   notepad 관노트패드   equipment 장비   facility 시설

이것은 체육관에서 찍힌 사진입니다. 사진 안에는 세 명의 사람들이 있습니다. 사진의 가운데에 두 남자가 있습니다. 그들은 운동복을 입고 있습니다. 그들은 노트패드를 보며 대화를 하고 있습니다. 그들 뒤에 다른 한 남자가 앉아서 운동을 하고 있습니다. 사진의 배경에는 많은 체육관 시설들이 있습니다. 그들은 이 체육관에서 운동을 하고 있는 것 같습니다.

3 다수인물 중심사진

장소 및 인원수	
제 1대상	
제 2대상	
제3 대상	
마무리	

MP3 Part2-17

장소 및 인원수	This is a picture taken in a building. There are several people in this picture.
제 1대상	On the left side of the picture, there are two women. They are facing and smiling toward each other while shaking hands.
제 2대상	Around them, I can see some other people going up the stairs, and walking in the hallway.
제3 대상	In the background of the picture, there are some doors and big windows.
마무리	Maybe they are working in the building.

 어휘학습

face 마주보다   shake hands 악수하다
go up the stairs 계단을 올라가다   hallway 복도

이것은 건물 안에서 찍은 사진입니다. 이 사진에는 여러 사람이 있습니다. 사진 왼쪽에는 두 명의 여자가 있습니다. 그들은 악수를 하면서 서로를 향해 마주보고 웃고 있습니다. 그들의 주변으로 계단을 올라가고 복도를 걷는 몇몇 다른 사람들이 보입니다. 사진의 배경에는 문들과 큰 유리창이 있습니다. 아마 그들은 이 건물에서 일하고 있는 것 같습니다.

4 배경 중심사진

장소 및 인원수	
제 1대상	
제 2대상	
제 3 대상	
마무리	

장소 및 인원수	This is a picture taken at a beach. There are a lot of people in this picture.
제 1대상	On the left side of the picture, I can see many people. Some of them are sitting on the beach, some of them are lying down on the sand, and some of them are resting under umbrellas.
제 2대상	On the right side of the picture, I can see some people playing in the water.
제 3대상	In the background of the picture, there are some green mountains with many houses.
마무리	Maybe people are enjoying summer vacation.

 어휘학습

lie down 눕다   umbrella 우산 (비치파라솔도 포함)

이것은 해변에서 찍힌 사진입니다. 이 사진에는 많은 사람들이 있습니다. 사진의 왼쪽에 많은 사람들이 있습니다. 그들 중 몇명은 해변에 앉아 있고, 몇명은 모래 위에 누워 있으며, 몇명은 파라솔 아래에서 쉬고 있습니다. 사진의 오른쪽에 물에서 놀고 있는 약간의 사람들이 보입니다. 사진의 배경에, 집들이 있는 푸른 산이 있습니다. 아마도 사람들이 여름휴가 즐기고 있는 것 같습니다.

TOEIC Speaking

Question 3-4: Describe a picture

Directions: In this part of the test, you will describe the picture on your screen, in as much detail as you can. You will have 45 seconds to prepare your response. Then you will have 30 seconds to speak about the picture.

TOEIC Speaking

Question 3 of 11

PREPARATION TIME
00:00:45

RESPONSE TIME
00:00:30

TOEIC Speaking

Question 3-4: Describe a picture

Directions: In this part of the test, you will describe the picture on your screen, in as much detail as you can. You will have 45 seconds to prepare your response. Then you will have 30 seconds to speak about the picture.

TOEIC Speaking   Question 4 of 11

PREPARATION TIME	RESPONSE TIME
00:00:45	00:00:30

This is a picture taken in the street, there are many people in this picture. In the middle of the picture, there are two people giving a street performance. A woman is playing the violin, and a man is playing the keyboard. Behind them, I can see many people passing by the street. In the background of the picture, there are many stores lined up along the street. It looks like a famous tourist spot.

이것은 거리에서 찍힌 사진입니다. 이 사진에는 많은 사람들이 있습니다. 사진의 가운데에 거리 공연을하는 두 사람이 있습니다. 여자는 바이올린을 연주하고 남자는 키보드를 연주합니다. 그들 뒤에는 길을 지나가는 많은 사람들이 보입니다. 사진의 배경에는 길을 따라 줄지어 있는 많은 상점들이 보입니다. 그곳은 유명한 관광지인것 같습니다

This is a picture taken in a restaurant kitchen. There are two people in this picture. In the middle of the picture, there is a woman. She is wearing a black apron. She is taking food in a box with a scoop. On the left side of the picture, I can see a man cooking at a gas stove. On either side of the picture, there are some cooking tools placed on the tables and shelves. Maybe they are preparing food for their customers.

이것은 식당 주방에서 찍힌 사진입니다. 이 사진에는 두 사람이 있습니다. 사진 가운데에 한 여자가 있습니다. 그녀는 검은 앞치마를 입고 있습니다. 그녀는 국자를 사용해 음식을 상자에 넣고 있는 것 같습니다. 사진의 왼쪽에는 가스레인지에서 요리를 하고 있는 한 남자가 보입니다. 사진의 양쪽에 테이블과 선반 위에 놓여있는 조리 도구들이 있습니다. 아마도 그들은 고객을 위해 음식을 준비하고 있는 것 같습니다.

Q 처음 접하는 사진에서 모르는 사물이나 표현이 나오면 당황스럽습니다. 그럴 때는 어떻게 하나요?

A 뭐라고 표현해야 할지 모르는 표현을 만나게 되면 우선 알고 있는 비슷한 단어로 답변을 하면 됩니다. 예를 들어 시험에 바닥을 빗자루로 쓸고 있는 인물이 있다고 할 때 그 자체가 어려운 표현은 아니지만 갑자기 생각이 안 날수도 있습니다. 'sweeping the floor' 라고 하는게 더 구체적이지만 비슷한 표현으로 'cleaning' 이라고 답변하면 됩니다.

Q 교재에서 알려주는 내용들을 모두 말하려고 하면 시간이 항상 모자랍니다. 말하다 잘리면 많이 감점되나요?

A 주어진 30초 답변시간 동안에는 인물묘사 뿐만 아니라 주변사물, 느낌 등 사진의 전반적인 묘사가 이루어져야 합니다. 혹시 30초 동안 인물묘사 정도는 가능하지만 아웃트로까지 넣기 힘들다면 내용을 좀더 간결하게 줄여서라도 마무리까지 모두 해주시는 게 좋습니다.

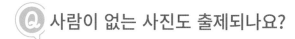 사람이 없는 사진도 출제되나요?

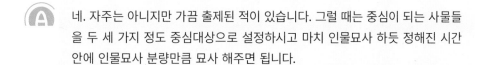 네. 자주는 아니지만 가끔 출제된 적이 있습니다. 그럴 때는 중심이 되는 사물들을 두 세 가지 정도 중심대상으로 설정하시고 마치 인물묘사 하듯 정해진 시간 안에 인물묘사 분량만큼 묘사 해주면 됩니다.

Part 3.

Respond to Questions

왜 나는 순발력이 없을까

질문에 답하기

디렉션: 이번 파트에서는 세 문제에 대한 답변을 하게 됩니다. 문제가 나온 후 문항당 3초씩의 준비시간이 주어지며 5,6번 문항은 15초, 7번 문항은 30초간 답변하게 됩니다.

Let's Try — Part3 미리보기

① Part 3 문항구성

Part 3는 일상적인 질문에 대한 답변을 하는 파트입니다. Q5-Q7 총 세 문항이 출제되며 준비시간은 문항별로 3초, 답변시간은 5-6번 문항에 15초 7번 문항에 30초가 주어집니다.

TOEIC Speaking
Imagine that a British marketing firm is doing research in your country. You have agreed to participate in a telephone interview about reading habits.

Question 5

Imagine that a British marketing firm is doing research in your country. You have agreed to participate in a telephone interview about reading habits.

When was the last time you read for pleasure, and what did you read?

PREPARATION TIME	RESPONSE TIME
00:00:03	00:00:15

Question 6

Imagine that a British marketing firm is doing research in your country. You have agreed to participate in a telephone interview about reading habits.

Do you read more or less often than you did five years ago? Why?

PREPARATION TIME	RESPONSE TIME
00:00:03	00:00:15

TOEIC Speaking   Question 7

Imagine that a British marketing firm is doing research in your country. You have agreed to participate in a telephone interview about reading habits.

Do you usually buy books on the Internet or at offline stores, why?

PREPARATION TIME	RESPONSE TIME
00:00:03	00:00:30

② Part 3 개요

문제번호	문제유형	답변 준비시간	답변시간	평가기준	채점용 점수
Questions 5-7	Respond to Questions 질문에 답하기	각 3초	5번 : 15초 6번 : 15초 7번 : 30초	발음, 억양과 강세 문법, 어휘, 일관성 내용의 관련성 내용의 완성도	0-3점

③ 평가기준

배점	평가기준
3점	질문에 대해 적절하게 응답한다. - 거의 항상 매끄럽고 일관되게 표현하며 평가자가 이해하는 데 거의 어려움이 없다. - 질문에 적합한 어휘를 시용하며 어휘 선택이 정확하다. - 과제가 요구하는 것을 충족시키는 구문을 사용한다.
2점	질문에 대해 연관성 있는 응답을 하지만 의미가 때때로 모호할 수도 있다. - 대체로 알아들을 수는 있으나 평가자가 이해하는 데 다소 어려움이 있다. - 전체적인 의미는 명확하지만 어휘가 부족한 편이고 때때로 부정확하게 사용할 수 있다. - 구문 사용 능력이 부족하여 의미를 해석하는 데 다소 지장을 준다.
1점	질문에 대해 적절하게 응답하지 못한다. - 표현력이 떨어져서 평가자가 이해하는 데 상당히 어려움이 있다. - 어휘 사용이 부정확하거나 화면에 나오는 단어를 반복한다. - 구문 시용이 의미 해석을 방해한다.
0점	무응답이거나 응답과 과제 간의 연관성이 전혀 없다.

4 점수대별 답변 들어 보기

IM3 130 ▶ MP3 Part3-01

AL 160 ▶ MP3 Part3-02

AH 200 ▶ MP3 Part3-03

파트3 고득점 요령

첫째, 답변을 할 때는 의문사와 주제에 집중하자.

의문사는 질문에서 요구하는 키 포인트이다. 그러기 위해선 각 의문사나 주제별로
답변하는 패턴을 잘 익혀 두고 질문이 나오면 신속하게 응답할 수 있어야 한다.

둘째, 문법에 맞게 말하자.

part3는 구어체로 자유롭게 자신의 생각을 말하는 파트이기는 하지만 그래도 기
본적인 문법은 지켜주어야 한다. 아주 쉬운 짧은 문장도 괜찮으니 되도록 맞는 문
법과 어휘를 사용하자.

셋째, 상대방과 대화를 하는 것처럼 자연스럽게 응답해야 한다.

내가 직접 상대방과 전화통화 또는 대화를 한다는 전제 하에 답변을 해야 하기
때문에 너무 딱딱한 말투와 경직된 목소리는 점수에 좋지 않은 영향을 줄 수 있
다. 상냥하고 편안한 말투로 질문에 응답하도록 한다.

Part 3 기본에 충실하기

1 예상 질문을 떠올려 '즉각' 답변하기

Part 3 에서는 문제가 나오기 전에 대화가 진행되는 상황을 먼저 제시합니다. 맨 마지막 부분에 나오는 질문 소재를 확인한 후 5번 문제가 나올 때까지 의문사를 연결하며 소재와 관련된 예상질문들을 떠올려 보는 것이 도움이 됩니다.

Imagine that a British marketing firm is doing research in your country. You have agreed to participate in a telephone interview about reading habits.

한 영국의 마케팅 회사가 당신의 나라에서 시장조사를 하고 있다고 가정합니다. 당신은 독서 습관에 관한 전화 인터뷰에 응하기로 했습니다.

위 질문의 소재, 즉 키워드가 되는 단어는 바로 reading habit. 다음과 같이 독서 습관에 관한 예상 질문과 가능한 답변을 떠올려 봅니다.

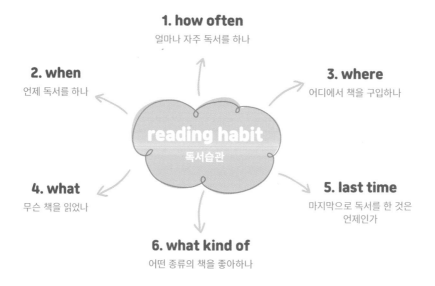

1. how often
얼마나 자주 독서를 하나

2. when
언제 독서를 하나

3. where
어디에서 책을 구입하나

reading habit
독서습관

4. what
무슨 책을 읽었나

5. last time
마지막으로 독서를 한 것은
언제인가

6. what kind of
어떤 종류의 책을 좋아하나

2 순발력이 가장 중요!
문제를 에코잉(메아리치기) 하여 묻는 말에
'즉각' 반응하기

파트3는 답변 준비시간이 3초밖에 되지 않기때문에 문제가 나오면 즉각적으로 답변해야 하므로 순발력이 많이 요구되는 파트라고 할 수 있습니다. 이럴 때는 에코잉이 특효약이라고 할 수 있는데 에코잉은 문제에 나온 표현을 답변에 그대로 사용하는 방법입니다.

Q5. MP3 Part3-04

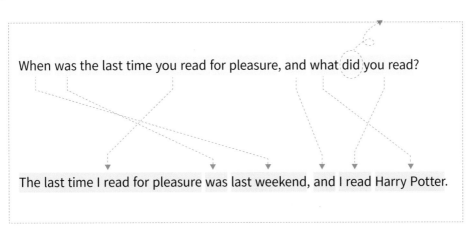

When was the last time you read for pleasure, and what did you read?

The last time I read for pleasure was last weekend, and I read Harry Potter.

당신이 마지막으로 즐거움을 위한 독서를 한 건 언제 입니까? 그리고 무엇을 읽었나요?

제가 마지막으로 즐거움을 위해 독서를 한 건 지난 주말입니다. 그리고 저는 Harry Potter를 읽었습니다.

■ 다음 질문들에 에코잉 비법을 활용하여 즉각 답변해보세요.

1 When was the last time you watched a movie, and what did you watch?

_____

2 When was the last time you ate out, and what did you eat?

_____

3 When was the last time you hosted a party, and what was it?

_____

친절한 피드백

1) 당신이 마지막으로 영화를 본 건 언제 입니까? 그리고 무엇을 보았나요?
2) 당신이 마지막으로 외식을 한 건 언제 입니까? 그리고 무엇을 먹었나요?
3) 당신이 마지막으로 파티를 열었던 건 언제 입니까? 그리고 무슨 파티였나요?

Model Answer

1) The last time I watched a movie was last weekend, and I watched Mission Impossible.
제가 마지막으로 영화를 본 건 지난 주말입니다. 그리고 저는 Mission Impossible을 보았습니다.

2) The last time I ate out was last weekend, and I ate pizza, pasta and chicken.
제가 마지막으로 외식을 한 건 지난 주말입니다. 그리고 저는 피자, 파스타, 그리고 치킨을 먹었습니다.

3) The last time I hosted a party was last weekend, and it was my birthday.
제가 마지막으로 파티를 열었던 건 지난 주말입니다. 그리고 그것은 제 생일이었습니다.

Q6. ▶ MP3 Part3-05

Do you read more or less often than you did five years ago?

I read less often than I did five years ago.

5년 전에 비해 독서를 더 자주 하나요 아니면 덜 자주 하나요?

저는 5년 전에 비해서 덜 독서를 합니다.

연습문제 2

■ 다음 질문들에 에코잉 비법을 활용하여 즉각 답변해보세요.

1 Do you watch movies more or less often than you did five years ago?

_____

2 Do you play computer games more or less often than you did five years ago?

_____

3 Do you wash the dishes more or less often than you did five years ago?

_____

친절한 피드백

1) 5년 전에 비해 영화를 더 자주 보나요 아니면 덜 자주 보나요?
2) 5년 전에 비해 컴퓨터 게임을 더 자주 하나요 아니면 덜 자주 하나요?
3) 5년 전에 비해 설거지를 더 자주 하나요 아니면 덜 자주 하나요?

Model Answer

1) I watch movies less often than I did five years ago.
   저는 5년 전에 비해 덜 자주 영화를 봅니다.

2) I play computer games less often than I did five years ago.
   저는 5년 전에 비해 덜 자주 컴퓨터 게임을 합니다.

3) I wash the dishes less often than I did five years ago.
   저는 5년 전에 비해 덜 자주 설거지를 합니다.

Q7.  MP3 Part3-06

Do you usually buy books on the Internet or at offline stores?

I usually buy books on the Internet.

인터넷과 오프라인 매장 중 어디에서 주로 책을 구입합니까?

저는 주로 인터넷으로 책을 구입합니다.

연습문제 **3**

■ 다음 질문들에 에코잉 비법을 활용하여 즉각 답변해보세요.

1 Do you usually buy clothes on the Internet or at offline stores?

_____

2 Do you usually buy shoes on the Internet or at offline shoe stores?

_____

3 Do you usually watch movies on the Internet or at offline movie theaters?

_____

친절한 피드백

1) 인터넷과 오프라인 매장 중 어디에서 주로 옷을 구입합니까?
2) 인터넷과 오프라인 매장 중 어디에서 주로 신발을 구입합니까?
3) 인터넷과 오프라인 영화관 중 어디에서 주로 영화를 봅니까?

Model Answer

1) I usually buy clothes on the Internet.
   저는 주로 인터넷으로 옷을 구입합니다.

2) I usually buy shoes on the Internet.
   저는 주로 인터넷으로 신발을 구입합니다.

3) I usually watch movies on the Internet.
   저는 주로 인터넷으로 영화를 봅니다.

Magic Solution

자스민의 파트3 초치기비법

 비법 1

15초를 알차게! 여러가지 파트3 문제에 적용되는
1-3번 Magic Answer!

Part 3는 준비 시간이 3초 뿐입니다. 따라서 평소에 준비된 답변을 적절히 활용해 15초, 30초 동안의 답변 시간을 알차게 채워야 하는데 그럴 때는 평상시 준비된 답변 패턴이 필수입니다. 아래의 3개의 매직앤써를 숙지하여 답변 아이디어가 필요한 순간 활용하세요.

1 여가, 취미활동과 관련된 문제에 적용되는 Magic Answer

취미, 여가활동 관련된 질문이 나올 때는 "나는 바쁜 학생이라 시간이 별로 없어서 자주 못해요" 라는 식으로 답변하면 편리합니다. 비록 학생이 아니더라도 익숙한 문장을 쓰는 것이 훨씬 득점에 유리합니다.

Magic Answer No.1

"나는 매일 공부하느라 바쁜 학생이라 ~할 시간이 별로 없어요."

Since I'm a student who is very busy studying everyday, I don't have enough time to 해당 활동 (동사 또는 동사구).

▶ MP3 Part3-07

■ 다음 문제에 매직앤써 1번을 사용하여 아래의 해설을 참고해 답변해보세요.

Q Do you read more or less often than you did five years ago? Why?

A I read less often than I did five years ago.

_____

(나는 매일 공부하느라 바쁜 학생이라 독서할 시간이 별로 없어요.)

친절한 피드백

Q 5년 전에 비해 독서를 더 자주 하나요 아니면 덜 자주 하나요?

A 저는 5년 전에 비해서 덜 독서를 합니다. 나는 매일 공부하느라 바쁜 학생이라 독서할 시간이 별로 없어요.

Model Answer

Since I'm a student who is very busy studying everyday, I don't have enough time to read very often.

2 구매활동과 관련된 문제에 적용되는 Magic Answer

구매활동과 관련된 질문이 나올 때는 "나는 부모님께 용돈을 받는 학생이라 ~할 돈이 별로 없어요."는 식으로 답변하면 편리합니다.

Magic Answer No.2

"나는 부모님께 용돈을 받는 학생이라 ~할 돈이 별로 없어요."

Since I'm a student who gets an allowance from parents, I don't have enough money to 해당 활동 (동사 또는 동사구).

▶ MP3 Part3-08

■ 다음 문제에 매직앤써 2번을 사용하여 아래의 해설을 참고해 답변해보세요.

Q Do you usually buy books on the Internet or at offline stores, why?

A I usually buy books on the Internet. They provide cheaper prices than offline bookstores.

_____

(나는 부모님께 용돈을 받는 학생이라 비싼 책을 구입할 돈이 별로 없어요.)

친절한 피드백

Q 인터넷과 오프라인 매장 중 어디에서 주로 책을 구입합니까?

A 저는 주로 인터넷으로 책을 구입합니다. 그들은 오프라인 서점에 비해 저렴한 가격을 제공하기 때문입니다. 나는 부모님께 용돈을 받는 학생이라 비싼 책을 구입할 돈이 별로 없어요.

Model Answer

Since I'm a student who gets an allowance from parents, I don't have enough money to buy expensive books.

3 좋아하는것과 관련된 질문에 적용되는 Magic Answer

좋아하는 활동을 하는 이유를 설명할 때는 "학업에서 받는 스트레스를 푸는 데 도움을 준다" 라는 식으로 답을 유도합니다.

Magic Answer No.3

"~ 하는 것은 학업에서 받은 스트레스를 해소하는 데 도움이 됩니다."

좋아하는 활동 (명사, 또는 명사구, 동명사, 또는 동명사구) helps me relieve my stress from my study.

▶ MP3 Part3-09

■ 다음 문제에 매직앤써 3번을 사용하여 아래의 해설을 참고해 답변해보세요.

Q When was the last time you read for pleasure, and what did you read?

A The last time I read for pleasure was last weekend, and I read Harry Potter.

_____

(독서는 학업에서 받은 스트레스를 해소하는 데 도움이 됩니다.)

친절한 피드백

Q 마지막으로 즐거움을 위한 독서를 한 게 언제 입니까? 그리고 무엇을 읽었나요?

A 제가 마지막으로 즐거움을 위해 독서를 한 건 지난 주말입니다. 그리고 저는 Harry Potter를 읽었습니다. 독서는 학업에서 받은 스트레스를 해소하는 데 도움이 됩니다.

Model Answer

Reading helps me relieve my stress from my study.

비법 2

30초도 문제없다!
에피소드로 답변 늘이기 비법!

7번 문항은 30초간 답변해야 하므로 긴 시간을 망설이지 않고 가득 채워줄 수 있는 아이디어를 생각해 내야 합니다. 먼저 초반 15초는 에코잉 비법과 매직앤써 비법, 또는 여러분의 자유로운 답변으로 채워주며 후반 15초는 나의 에피소드로 예시를 들어 채워줍니다. 다음의 30초짜리 답변을 잘 읽어보세요.

■ 15초 추가하기 전략    MP3 Part3-10

Do you usually buy books on the Internet or at offline stores, why?
인터넷과 오프라인 매장 중 어디에서 주로 책을 구입합니까?

에코잉 비법과 Magic Answer를 사용하여 첫 15초 답변하기	I usually buy books on the Internet. They provide cheaper prices than offline bookstores. Since I'm a student who gets an allowance from parents, I don't have enough money to buy expensive books. 저는 주로 인터넷으로 책을 구입합니다. 그들은 오프라인 서점에 비해 저렴한 가격을 제공하기 때문입니다. 나는 부모님께 용돈을 받는 학생이라 비싼 책을 구입할 돈이 별로 없어요.
간단한 예시를 들어 나머지 15초 가득 채워 말하기	For example, I bought a book on the Internet last weekend. It was a very famous novel, Harry Potter. It was very cheap as well as convenient. So I was able to save money and time. 예를 들어 저는 지난 주말 인터넷으로 책 한권을 구입했습니다. 그것은 매우 유명한 소설인 Harry Potter 였습니다. 그것은 편리할 뿐만 아니라 매우 저렴했습니다. 그래서 저는 돈과 시간을 절약할 수 있었습니다.

1 예시 만들기 4 step 전략!

step 1. 주제문 응용하기

ex) For example, I bought a book on the Internet last weekend.

(예를 들어 저는 지난 주말 인터넷으로 책 한권을 구입했습니다.)

step 2. 디테일 설명하기

ex) It was a very famous novel, Harry Potter.

(그것은 매우 유명한 소설인 Harry Potter 였습니다.)

step 3. 상태 말하기

ex) It was very cheap as well as convenient.

(그것은 편리할 뿐만 아니라 매우 저렴했습니다.)

step 4. 결론 말하기

ex) So, I was able to save money and time.

(그래서 저는 돈과 시간을 절약할 수 있었습니다.)

MP3 Part3-11

■ 다음 문제에 예시 만들기 전략을 사용하여 아래의 해설을 참고해 답변해보세요.

Q Do you usually buy watches on the Internet or at offline stores?

A I usually buy watches on the Internet. They provide cheaper prices than offline stores. Since I'm a student who gets an allowance from parents, I don't have enough money to buy expensive watches.

_____

_____

_____

(예를 들어 저는 지난 주말 인터넷으로 시계를 구입했습니다. 그것은 검정색 가죽시계 였습니다. 그것은 편리할 뿐만 아니라 매우 저렴했습니다. 그래서 저는 돈과 시간을 절약할 수 있었습니다.)

Q 인터넷과 오프라인 매장 중 어디에서 주로 시계를 구입합니까?

A 저는 주로 인터넷으로 시계를 구입합니다. 그들은 오프라인 매장에 비해 저렴한 가격을 제공하기 때문입니다. 나는 부모님께 용돈을 받는 학생이라 비싼 시계를 구입할 돈이 별로 없어요. 예를 들어 저는 지난 주말 인터넷으로 시계를 구입했습니다. 그것은 검정색 가죽시계 였습니다. 그것은 편리할 뿐만 아니라 매우 저렴했습니다. 그래서 저는 돈과 시간을 절약할 수 있었습니다.

Model Answer

For example, I bought a watch on the Internet last weekend. It was a black leather watch. It was very cheap as well as convenient. So, I was able to save money and time.

Idea Bank

Part 3 힘이 되는 답변 아이디어

1 Wedding Gifts

Q5 How many wedding have you attended in the past year? And is that more or fewer than usual?

작년에 당신은 몇 번의 결혼식에 참여하였습니까? 그리고 그 횟수는 평소보다 많았습니까 혹은 적었습니까?

핵심답변	10 times, more than usual 10번, 평소보다 많았음
추가답변	many friends, colleagues getting married last year 많은 친구들과 동료들이 작년에 결혼함

Q6 Where do you usually buy a wedding gift in your area? Why?
주로 당신의 지역 어디에서 결혼선물을 구입합니까? 왜죠?

핵심답변	shopping mall near my house 집 근처 쇼핑몰
추가답변	cheaper prices, good quality products, save money and time 가격 저렴하고 품질 좋음 시간과 돈 절약 가능

Q7 Do you think it is a good idea for couples getting married to request specific gifts? Why or why not?
결혼하는 커플이 특정한 선물을 요구하는것이 좋은 아이디어라고 생각하십니까?

핵심답변	good idea, helps them save money 좋은 생각, 그들이 돈을 절약할 수 있음
추가답변	need household appliances, save money 신혼부부는 가전제품이 필요함. 돈 절약 가능

2 / Workplace Preference

Q5 What is your job, and how long have you had it?

당신의 직업은 무엇이고, 얼마나 오랫동안 그 직업을 가지고 있었습니까?

핵심답변	no job, a university student 학생이기 때문에 직업 없음
추가답변	major in business, want to become a CEO. 경영을 전공하고 있고, CEO가 되고 싶음

Q6 Would you rather have your own office or share one with others? Why?

개인 사무실을 가지고 싶습니까, 혹은 다른사람들과 함께 사무실을 사용하고 싶습니까? 그 이유는 무엇입니까?

핵심답변	own office 개인 사무실
추가답변	comfortable and convenient, don't have to care about other people 편안하고 편리함. 다른 사람들 신경 쓸 필요 없음

Q7 Do you prefer to concentrate on only one task at a time or to do several different work tasks at once? Why?

한 번에 한 업무에 집중하는 것과 여러 업무를 동시에 하는 것 중 어떤 것을 선호하십니까? 그 이유는 무엇입니까?

핵심답변	do several different work tasks at once, multitasking helps save time 여러 업무 동시에, 시간 절약 가능
추가답변	a busy student, don't have enough time to concentrate on only one task at a time 바쁜 학생, 한 번에 한 업무에 집중하기에 시간이 부족함

3 Outdoor Markets

Q5 How far is the nearest outdoor market from your home, and is it open all year round?

집에서 가장 가까운 야외 시장은 얼마나 떨어져 있으며, 일년 내내 열려 있습니까?

핵심답변	5 minutes, open all year 5분 거리, 일년 내내 열려 있음
추가답변	variety of products to buy, like food, books, clothing etc 음식, 책, 옷 등과 같이 다양한 상품 있음

Q6 What time of day would you prefer to to go to an outdoor market? Why?

하루 중 야외 시장에 가는것을 선호하는 시간대는 언제이고, 그 이유는 무엇입니까?

핵심답변	in the evening or late night 저녁이나 늦은 밤
추가답변	provide discounts, save money 할인제공, 돈 절약 가능

Q7 What are some advantages of having an outdoor market in your town?

야외시장이 동네에 있는 것의 장점은 무엇이 있습니까?

핵심답변	convenient 편리함
추가답변	save money 돈 절약 가능

4 / Cooking Website

Q5 Who is usually cooking in your home, and how often do you help with the cooking?

집에서 누가 요리를 하고, 당신은 요리하는 것을 얼마나 자주 도와줍니까?

핵심답변	my mom, once a month 어머니, 한달에 한 번
추가답변	a student, I don't have enough time to help with cooking 학생이기 때문에 요리를 도와드릴 시간이 충분하지 않음

Q6 Are you satisfied with your cooking skill? Why or why not?

당신은 당신의 요리실력에 만족하십니까? 왜 또는 왜 아니죠?

핵심답변	not satisfied 만족하지 않음
추가답변	can't cook well, usually order delivery food 요리 잘 못함, 주로 음식 배달시켜 먹음

Q7 What are some advantages of taking a cooking class at the school instead of taking the class on the Internet?

인터넷으로 요리 수업을 듣는 대신 학교에서 요리 수업을 듣는 것의 장점은 무엇입니까?

핵심답변	share opinion with members 같이 듣는 학생들과 의견 교환 가능
추가답변	get feedback from teachers 선생님들께 피드백 받을 수 있음

5 Best Friend

Q5 How long have you known your best friend and where did you meet him or her?

가장 친한 친구를 알고 지낸 지 얼마나 되었고, 어디에서 만났습니까?

핵심답변	10 years, in middle school 10년, 중학교에서
추가답변	Susie, pretty and smart 이름은 Susie고, 예쁘고 똑똑함

Q6 Do you spend much time with your best friend? Why or why not?

친한 친구와 많은 시간을 보내십니까? 그 이유는 무엇입니까?

핵심답변	don't 보내지 않음
추가답변	a student, very busy studying everyday, don't have enough time to meet her very often 매일 공부하느라 바쁜 학생이기 때문에 친구를 자주 만나기에 시간이 부족함

Q7 Which quality do you think is more important as a friend, creativity or sense of humor? Why?

친구로서 창의성과 유머감각 중 어떤 자질이 더 중요하다고 생각합니까? 그 이유는 무엇입니까?

핵심답변	sense of humor 유머감각
추가답변	enjoy being with my friend 친구와 있는 것이 즐거움

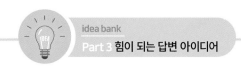
6 / Parks

 Q5 How often do you go to a park, and how far is the nearest park from your home?

공원에 얼마나 자주 가며, 집에서 가장 가까운 공원은 얼마나 멉니까?

핵심답변	once a week, 5 minutes away 일주일에 한 번, 5분거리
추가답변	Han River Park, beautiful and convenient to use 한강공원, 예쁘고 이용하기 편리함

Q6 Do you prefer large parks with lots of walking path or smaller parks with a playground? Why?

산책로가 많은 큰 공원과 놀이터가 있는 작은 공원 중 어느 것을 더 선호하십니까? 그 이유는 무엇입니까?

핵심답변	large parks 큰 공원에 방문
추가답변	beautiful scenery, relieve stress from my study 예쁜 풍경, 공부 스트레스 해소 가능

Q7 What would be the disadvantages of living next to a park?

공원 옆에 사는 것의 단점은 무엇입니까?

핵심답변	noisy 시끄러움
추가답변	disturbing 방해가 됨

7 / Apartments and Houses

Q5 How long have you lived in your current home and do you have a plan on moving in near future?

현재 거주하고 있는 집에 산지 얼마나 오래 되었고, 가까운미래에 이사할 계획이 있습니까?

핵심답변	10 years, don't have plans to move 10년, 이사할 계획 없음
추가답변	convenient to live in 살기 편함

Q6 What is the advantage of living in a house rather than in an apartment?

아파트보다 주택에 사는 것의 장점은 무엇입니까?

핵심답변	can raise pets 애완동물을 기를 수 있음
추가답변	free from noise between floors 층간소음으로부터 자유로움

Q7 If you were looking for a new apartment to move into, which of the following conveniences would you most likely to have in the apartment building, why?
-a fitness center
-a community center
-a parking area

새로 이사 갈 아파트를 찾고 있다면, 다음 편의시설 중 가장 아파트에 있었으면 하는 편의시설은 무엇이고, 그 이유는 무엇입니까?
-피트니스 센터 / 커뮤니티센터 / 주차장

핵심답변	a fititness center 피트니스 센터
추가답변	work out regularly, don't have enough time to go far 주기적으로 운동하고, 멀리 갈 시간이 없음

8 / Friendships

Q5 Who is your best friend and how long have you known him or her?

가장 친한 친구는 누구이며, 알고 지낸 지 얼마나 되었습니까?

핵심답변	Susie, 10 years Susie, 10년
추가답변	kind, pretty, and smart 착하고 예쁘고 똑똑함

Q6 Do you hang out your friends more or less often than you did five year ago? Why?

5년 전과 비교했을 때 친구들과 더 많이 만납니까, 혹은 더 적게 만납니까?

핵심답변	less often 덜 자주 만남
추가답변	a student, very busy studying everyday, don't have enough time to meet friends 학생이기 때문에 공부하느라 바쁨, 친구들을 만날 시간이 충분하지 않음

Q7 What would be the best way to keep in touch with your friends? Why?

친구들과 연락을 하기 위한 가장 좋은 방법은 무엇이고, 그 이유는 무엇입니까?

핵심답변	using social networking websites SNS 사용
추가답변	convenient and easy to use 편리하고 이용하기 쉬움

9 Information for Tourists

Q5 When was the last time you traveled to foreign country, and where did you go?

마지막으로 해외 여행을 간 것은 언제 이며, 어디로 가셨습니까?

핵심답변	last year, Italy 작년, 이탈리아
추가답변	looked around many tourist attractions, had local food 관광지 여러 군데 구경하고 현지 음식 먹었음

Q6 Would you rather get tourism information from a friend or a professional tour guide? Why?

여행 정보를 친구에게 받는 것과 전문 여행가이드에게 받는 것 중 어느 것을 선호하십니까? 그 이유는 무엇입니까?

핵심답변	professional tour guide 전문 여행가이드
추가답변	more experience, useful tips 경험이 더 많고, 유용한 팁을 줄 수 있음

Q7 If you were traveling to the foreign country for the first time, which of the following would be the most important to learn about? Why?
- Using the public transportation
- Where and what to eat
- Cultural attractions

만약 여러분이 다른 도시를 처음으로 여행한다면, 다음 중 어느 것에 대해 배우는 것이 가장 중요하다고 생각하십니까? 그 이유는 무엇입니까?
- 교통 수단 이용하기
- 어디에서, 무엇을 먹을지
- 문화 관광지

핵심답변	where and what to eat 어디에서, 무엇을 먹을지
추가답변	love local food 지역 음식을 좋아하기 때문

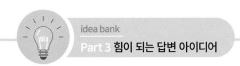

10 / Listening Habit

Q5 When was the last time you listened to a podcast and what was the content about?

팟캐스트를 마지막으로 들은 것은 언제 이며, 무슨내용에 관련된 것이었습니까?

핵심답변	last weekend, music 지난 주말, 음악에 관련됨
추가답변	talked about BTS and played some of the songs of BTS BTS에 대한 내용, BTS의 노래도 들음

Q6 If you wanted to listen to a podcast, would you be more likely to use your PC or a smartphone? Why?

팟캐스트를 듣고 싶다면, 컴퓨터와 폰 중 어떤 것을 더 이용할 확률이 높습니까? 그 이유는 무엇입니까?

핵심답변	use a smart phone, convenient 휴대폰 사용, 편리함
추가답변	listen to it anywhere, anytime 언제 어디서든 들을 수 있음

Q7 Do you think listening to podcasts will be more or less popular in the future? Why?

팟캐스트 청취가 미래에 더 인기가 많아질 것 같습니까, 혹은 그 반대일 것 같습니까? 그 이유는 무엇입니까?

핵심답변	more popular 더 인기가 많아질 것
추가답변	advance of internet technology, more opportunities to listen to podcasts online 인터넷 기술 발달로 온라인에서 팟캐스트 들을 기회 많아질 것

11 Shopping For Sports Equipment

When was the last time you went shopping for sport equipment and what did you buy?

마지막으로 스포츠 용품을 사기 위해 간 것은 언제였고, 무엇을 샀습니까?

핵심답변	last weekend, soccer ball 지난 주말, 축구공
추가답변	often play soccer with my friends, needed it 친구들과 축구를 자주 하기 때문에 필요했음

Where is the nearest sport equipment store, and how often do you go there?

스포츠 용품을 파는 가장 가까운 매장은 어디에 있고, 얼마나 자주 가십니까?

핵심답변	5 minutes away, once a month 5분거리, 한 달에 한 번
추가답변	usually buy balls and gloves 보통 공이나 장갑을 구입함

Would you be more likely to buy a brand if a famous athlete advertised it? Why or why not?

만약 유명한 운동선수가 광고한다면 그 브랜드를 구입 가능성이 더 높습니까? 왜 또는 왜 아니죠?

핵심답변	would be more likely to buy 가능성 더 높음
추가답변	guarantees quality of brand and product 브랜드와 상품의 질을 보장하기 때문

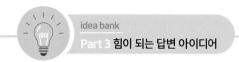
12 / Cooking

Q5 How many people are there in your family, and who usually cooks?

당신의 가족 구성원이 몇 명이며, 누가 보통 요리를 합니까?

핵심답변	four people, my mom 네 명, 어머니가 요리하심
추가답변	a great cook, love all the food that she makes 요리를 잘하셔서 어머니가 해주시는 모든 음식을 좋아함

Q6 If you wanted to try new dish, would you prefer to look recipe on the Internet or cook book? Why?

만약 새로운 음식을 시도하고 싶다면, 인터넷과 요리책 중 어디에서 레시피를 찾아보는 것을 선호하십니까? 그 이유는 무엇입니까?

핵심답변	internet, convenient 인터넷, 편리함
추가답변	many reviews and comments from other people 다른 사람들의 리뷰와 의견을 볼 수 있음

Q7 Do you think knowing how to cook is important skill to have? Why, or why not?

요리를 할 줄 아는 것은 가지고 있어야 하는 중요한 능력이라고 생각하십니까? 그 이유는 무엇입니까?

핵심답변	important 중요함
추가답변	eating and cooking, one of the most important things in our lives, makes people happy 먹는 것과 요리는 우리 인생에서 가장 중요한 것들 중 하나dla 맛있는 것을 먹으면 사람들이 행복해짐

과제 및 실전훈련

■ 다음 질문에 답변해 보세요.

소비   MP3 Part3-12

Imagine that a marketing firm is doing research in your area.

You have agreed to participate in a telephone interview about buying shoes.

Q5.

Q. When was the last time you bought a new pair of shoes, and what type of shoes were they?

A. _____

Q6.

Q. Besides price, what is the most important factor to consider when buying a new pair of shoes? Why?

A. _____

Q7.

Q. If you were going to buy a pair of athletic shoes, would you rather go to a sporting goods store or a regular shoe store? Why?

A. _____

친절한 피드백

마케팅 회사가 당신의 지역에서 조사를 하고 있다고 가정합시다.
당신은 신발 구매에 대한 전화 인터뷰에 참여하기로 동의했습니다.

Q5. 마지막으로 새 신발을 산 것은 언제이고, 어떤 종류의 신발이었나요?

Model Answer

The last time I bought a new pair of shoes was last weekend, and they were running shoes. I stared to work out last week, so I needed new running shoes.

제가 마지막으로 새 신발을 산 것은 지난 주말이었고, 운동화를 구매했습니다. 저는 지난 주부터 운동을 시작해서, 운동화가 새로 필요했습니다.

Q6. 가격 외에, 새 신발을 살 때 고려하는 가장 중요한 요소는 무엇입니까? 그 이유는 무엇입니까?

Model Answer

Besides price, design is the most important factor to consider when buying a new pair of shoes. Since I'm very sensitive about fashion, I want to wear stylish shoes.

가격 외에, 새 신발을 살 때 가장 중요하게 고려해야 할 요소는 디자인입니다. 저는 패션에 매우 민감하기 때문에 멋진 신발을 신고 싶기 때문입니다.

Q7. 운동화 한 켤레를 사려고 한다면, 스포츠 용품 가게와 일반 신발 가게 중 어디를 선호하십니까? 그 이유는 무엇입니까?

Model Answer

If I were going to buy a pair of athletic shoes, I would go to a regular a shoe store rather than a sporting goods store because a regular shoe store usually provides cheaper prices than professional stores. Since I'm a student, I don't have enough money to buy expensive shoes. For example, I bought a new pair of shoes last weekend at a regular shoe store. They were white running shoes. They were very cheap and stylish. So, I was able to save my money

운동화 한 새로 사려고 한다면 저는 스포츠 용품 가게보다는 일반 신발 가게에 갈 것입니다. 일반 신발 가게가 보통 전문 가게보다 더 저렴한 가격을 제공하기 때문입니다. 저는 학생이기 때문에 비싼 신발을 살 만한 돈이 없습니다. 예를 들어, 저는 지난 주말에 일반 신발 가게에서 새 신발 한 켤레를 샀습니다. 그것들은 하얀 운동화였는데, 저렴하고 스타일리쉬 했어요. 그래서, 저는 돈을 절약할 수 있었습니다.

■ 다음 질문에 답변해 보세요.

여가생활  MP3 Part3-13

> Imagine that your town is considering opening a new park in your area. You have agreed to participate in a telephone interview about parks.

Q5.

Q. How often do you visit a park, and who do you usually go there with?

A. _____

Q6.

Q. Do you go to parks more often now than you did 5 years ago? Why or why not?

A. _____

Q7.

Q. Would you be more likely to visit a park if it had riding trails and walking trails? Why or why not?

A. _____

친절한 피드백

당신의 마을이 당신의 지역에 새로운 공원을 짓는 것을 고려하고 있다고 가정해 보세요. 당신은 공원에 대한 전화 인터뷰에 참여하기로 동의했습니다.

Q5. 당신은 얼마나 자주 공원을 방문하나요? 그리고 보통 누구와 함께 가나요?

Model Answer

I visit parks once a month to exercise. And I usually go to parks with my friends. We usually go to Han River Park. It is beautiful and convenient to use.

저는 한달에 한번씩 운동하러 공원에 갑니다. 그리고 저는 보통 친구들과 공원에 갑니다. 우리는 주로 한강 공원에 갑니다. 그곳은 아름답고 이용이 편리합니다.

Q6. 5년 전에 비해 지금 공원에 더 자주 가십니까? 이유는 무엇입니까?

Model Answer

I don't go to parks more often now than I did 5 years ago. Since I'm a student, I'm very busy studying everyday. I don't have enough time to go to parks very often.

저는 5년 전에 비해 지금은 공원에 자주 가지 않습니다. 저는 학생이기 때문에 매일 공부하느라 매우 바쁩니다. 저는 공원에 자주 갈 시간이 충분하지 않습니다.

Q7. 만약 자전거 도로와 산책로가 있다면 공원을 방문할 가능성이 더 높아질 것 같습니까? 이유는 무엇입니까?

Model Answer

I would be more likely to visit a park if it had bike trails and walking trails because I like to take a walk and ride a bicycle. It helps me relieve my stress from my studies. For example, I went to Han River Park last weekend. I ran on the walking trails and rode a bicycle on the bike trails. It was very convenient as well as exciting. So I was able to have a great time.

저는 산책하고 자전거 타는 것을 좋아하기 때문에 자전거 도로와 산책로가 있다면 공원을 방문할 가능성이 더 높습니다. 이것은 공부로 인해 받은 스트레스를 푸는 데 도움을 줍니다. 예를 들어, 저는 지난 주말에 친구들과 함께 한강 공원에 갔습니다. 저희는 산책로를 달리고 자전거 도로에서 자전거를 탔습니다. 그것은 흥미진진할 뿐만 아니라 매우 편리했습니다. 그래서 저는 즐거운 시간을 보낼 수 있었습니다.

■ 다음의 한글 키워드를 참고하여 질문에 답변해 보세요.

외식, 파티  MP3 Part3-14

> Imagine that a lifestyle magazine is preparing an article.
> You have agreed to participate in a telephone interview about party.

Q5.

Q. When was the last time you went to a party, and where was it?

A. _____

Q6.

Q. Do you host parties more often or less often than you did five years ago? Why?

A. _____

Q7.

Q. What are the disadvantages of hosting a party at a restaurant or a professional party venue?

A. _____

친절한 피드백

한 생활 잡지가 기사를 준비하고 있다고 가정합시다.
당신은 파티에 관한 전화 인터뷰에 참여하기로 동의했습니다.

Q5. 마지막으로 파티에 간 게 언제였고, 어디였습니까?

Model Answer

The last time I went to a party was last weekend, and it was my best friend Jane's birthday. I went to her house and enjoyed the party with delicious food.

제가 마지막으로 파티에 간 것은 지난 주말이었고, 가장 친한 친구인 Jane의 생일이었습니다. 저는 그녀의 집에 가서 맛있는 음식을 먹으며 파티를 즐겼습니다.

Q6. 5년 전에 비해 파티를 더 자주 하십니까, 혹은 덜 자주 하십니까? 이유는 무엇입니까?

Model Answer

Unfortunately, I host parties much less often than I did five years ago. Since I'm a student, I'm very busy studying and doing assignments every day. So, I don't have enough time to host parties often.

안타깝게도, 저는 5년 전에 비해 파티를 훨씬 덜 자주 개최합니다. 저는 학생이기 때문에 매일 공부와 과제를 하느라 매우 바쁩니다. 그래서 저는 자주 파티를 개최할 충분한 시간이 없습니다.

Q7. 레스토랑이나 전문 파티 장소에서 파티를 개최하는 것의 단점은 무엇입니까?

Model Answer

There are many disadvantages of hosting a party at a restaurant or a professional party venue. Most of all, it is too expensive to buy food at a restaurant. For example, I hosted my last birthday party at an Italian restaurant. The food and the service were good, but I had to pay a lot. Since I'm a student, it was too expensive for me.

레스토랑이나 전문 파티 장소에서 파티를 개최하는 것에는 여러 가지 단점이 있습니다. 무엇보다도, 식당에서 음식을 사는 것은 너무 비쌉니다. 예를 들어, 저는 지난 생일 파티를 이탈리아 식당에서 했습니다. 음식과 서비스는 좋았지만, 저는 많은 돈을 지불해야 했습니다. 제가 학생이기 때문에, 저에게는 지나치게 비싼 금액이었습니다.

■ 다음의 한글 키워드를 참고하여 질문에 답변해 보세요.

이벤트, 축제  MP3 Part3-15

> Imagine that a professor is doing a research in your area about events. You have agreed to participate in the telephone interview about partiess and festivals.

Q5.

Q. When did you last attend a party or a festival and who did you go with?

A. _____

Q6.

Q. Do you usually make purchase when you go to a party or a festival? Why or why not?

A. _____

Q7.

Q. Do you think the parties and festivals have a positive impact on communities? Why or why not?

A. _____

대학의 교수가 당신 지역에서 연구를 하고 있다고 가정합시다. 당신은 파티 및 축제에 관한 전화 인터뷰에 참여하기로 동의했습니다.

Q5. 언제 마지막으로 행사나 축제에 참석했고, 누구와 함께 갔습니까?

Model Answer

The last time I attended a festival was last summer. I went to a music festival with my friends. It was very exciting and interesting.

제가 마지막으로 축제에 참석한 것은 작년 여름이었습니다. 친구들과 함께 음악축제에 갔습니다. 그것은 매우 흥미롭고 재미있었습니다.

Q6. 행사나 축제에서 주로 소비를 하십니까? 이유는 무엇입니까?

Model Answer

I don't make any purchases when I go to parties or festivals. Since I'm a student, I don't have enough money to buy expensive souvenirs or foods.

저는 파티나 축제에서 소비를 하지 않습니다. 저는 학생이기 때문에 비싼 기념품이나 음식을 살 만한 돈이 없습니다.

Q7. 행사와 축제가 지역사회에 긍정적인 영향을 준다고 생각합니까? 이유는 무엇입니까?

Model Answer

I think parties and festivals have a positive impact on communities. Most of all, people can enjoy their time at the festival. They can meet new people and make new friends. For example, I went to a music festival last summer. I made many new friends, and I had a great time there.

저는 파티나 축제가 지역사회에 긍정적인 영향을 미친다고 생각합니다. 무엇보다도, 사람들은 축제를 즐길 수 있습니다. 그들은 새로운 사람들을 만나고 새로운 친구들을 사귈 수 있습니다. 예를 들어, 저는 지난 여름에 음악 축제에 갔습니다. 저는 그곳에서 새로운 친구들을 많이 사귀었고 즐거운 시간을 보냈습니다.

TOEIC Speaking

Question 5-7: Respond to Questions

Directions: In this part of the test, you will answer three questions. You will have three seconds to prepare after you hear each question. You will have 15 seconds to respond to Questions 5 and 6 and 30 seconds to respond to Question 7.

TOEIC Speaking   # Question 5-7

Imagine that an economics professor is doing research in your area about giving money to charities or organizations. You have agreed to participate in a telephone interview about donating money.

Q5. What kinds of organizations most often ask you for donations, and do you often give to them?

PREPARATION TIME	RESPONSE TIME
00:00:03	00:00:15

Q6. Which would be more likely to convince you to donate money to an organization, a radio advertisement or an advertisement on the Internet? Why?

PREPARATION TIME	RESPONSE TIME
00:00:03	00:00:15

Q7. If you were going to make a donation, which of the following types of organizations would you be most likely to donate money to, why?

· an environmental organization
· a museum
· a scientific research organization

PREPARATION TIME	RESPONSE TIME
00:00:03	00:00:30

TOEIC Speaking

Question 5-7: Respond to Questions

Directions: In this part of the test, you will answer three questions. You will have three seconds to prepare after you hear each question. You will have 15 seconds to respond to Questions 5 and 6 and 30 seconds to respond to Question 7.

TOEIC Speaking

Question 5-7

Imagine that your city is considering opening a new market in your area. You have agreed to participate in a telephone interview about traditional markets.

Q5. How far from your home is the nearest traditional market, and is it open all year?

PREPARATION TIME	RESPONSE TIME
00:00:03	00:00:15

Q6. What time of day would you be most likely to go to a traditional market, Why?

PREPARATION TIME	RESPONSE TIME
00:00:03	00:00:15

Q7. What would be some advantages of having a traditional market in your neighborhood?

PREPARATION TIME	RESPONSE TIME
00:00:03	00:00:30

정답 및 해설 1

한 경제학 교수가 자선단체나 기관에 돈을 기부하는 것에 대한 연구를 하고 있다고 가정합시다. 당신은 기부에 관련한 전화 인터뷰에 참여하기로 동의했습니다.

Q5. 주로 어떤 단체에서 당신에게 돈을 기부하는 것을 가장 많이 요청합니까? 당신을 종종 그들에게 기부를 하나요?

Model Answer

Many organizations ask me for donation, but children's welfare organizations most often ask me to donate money. And I sometimes give to them.

많은 단체에서 저에게 기부를 요청합니다만 아동복지 단체에서 가장 많이 기부를 요청합니다. 그리고 저는 종종 그들에게 기부를 합니다.

Q6. 라디오 광고와 인터넷 광고 중에 어떤 것이 당신이 어떤 단체에 기부를 하도록 설득할 가능성이 더 높습니까? 이유는 무엇입니까?

Model Answer

I think an advertisement on the Internet would convince me to donate money because I use the Internet everyday. I often see advertisements for donations on social networking websites.

저는 인터넷을 매일 사용하기 때문에 인터넷상 광고가 제가 기부하도록 설득할 것 같습니다. 저는 소셜 네트워크 웹사이트에서 기부를 요청하는 광고를 자주 봅니다.

Q7. 만약 여러분이 기부를 하려고 한다면, 다음 중 어떤 종류의 단체에 가장 기부를 할 것 같습니까? 그 이유는 무엇입니까?
- 환경 단체 / 박물관 / 과학 연구 단체

Model Answer

If I were going to make a donation, I would be most likely to donate money to an environmental organization because protecting the environment is very important for myself as well as future generation. For example, I donated to an environmental organization last weekend. It was called "Save the Earth". It was just a little money but I was really happy that I could protect the environment.

만약 제가 기부를 하려고 한다면, 저는 환경 단체에 기부를 할 가능성이 가장 높을 것입니다. 환경을 보호하는 것은 제 스스로에게 뿐만 아니라 미래 세대를 위해서도 매우 중요하기 때문입니다. 예를 들어, 저는 지난 주말에 한 환경 단체에 기부했습니다. 그것은 "지구를 구하라"라는 환경 단체였습니다. 소액의 돈이었지만 저는 환경을 보호할 수 있어서 정말 기뻤습니다.

정답 및 해설 2  MP3 Part3-17

여러분의 마을이 지역내에 새로운 전통시장을 여는 것을 고려하고 있다고 가정합시다. 당신은 전통시장에 관한 전화 인터뷰에 참여하기로 동의했습니다.

Q5. 집에서 가장 가까운 전통시장은 얼마나 멀리 있고, 일년 내내 열려 있나요?

Model Answer

The nearest traditional market is only five minutes away from my home, and it is open all year. There is a variety of products to buy, like food, books, clothing etc.

가장 가까운 전통 시장은 집에서 불과 5분 거리에 있으며, 연중 내내 열려 있습니다. 음식, 책, 옷 등 살 수 있는 다양한 상품들이 있습니다.

Q6. 하루 중 몇 시에 전통 시장에 갈 것 같습니까? 그 이유는 무엇입니까?

Model Answer

I would be most likely to go to a traditional market in the evening or late night because they usually provide some discounts in that time. It helps me save money.

보통 저는 저녁이나 늦은 밤에 전통 시장에 갈 가능성이 가장 높은데, 그 시간대에 약간의 할인을 해주기 때문입니다. 그것은 제가 돈을 절약하는 데 도움이 됩니다.

Q7. 동네에 전통 시장이 있으면 어떤 이점이 있을까요?

Model Answer

There are many advantages of having a traditional market in my neighborhood. Most of all, it is convenient, and I can save money since they provide cheaper prices than department stores. For example, I went to an outdoor market near my house last weekend. I bought some groceries for my birthday party. It was convenient and cheap. So I was able to save money and time.

저희 동네에 전통 시장이 있는 것에는 여러 가지 장점이 있습니다. 무엇보다도 편리하고, 백화점보다 저렴한 가격에 제품을 제공하기 때문에 돈을 절약할 수 있습니다. 예를 들어, 저는 지난 주말에 집 근처에 있는 야외 시장에 갔습니다. 저는 생일파티를 위해 식재료를 샀습니다. 그것은 편리하고 저렴했습니다. 그래서 저는 돈과 시간을 절약할 수 있었습니다.

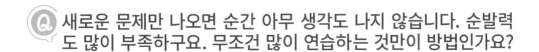

FAQ Part3 자주 묻는 질문

Q 새로운 문제만 나오면 순간 아무 생각도 나지 않습니다. 순발력도 많이 부족하구요. 무조건 많이 연습하는 것만이 방법인가요?

A 무조건 많은 연습을 하기보다는 비슷한 유형의 질문까지 묶어서 카테고리화 하는 작업을 권해드립니다. 새로운 소재는 늘 등장하지만 특이한 소재라고 겁부터 먹지 마시고 소재 자체보다는 어떤 유형의 질문인가를 재빠르게 파악 해야 야 합니다. 예를 들어 '기부금' 이라는 소재가 출제되었을 때 기부 경험이 없어도 당황하지 마시고 '기부를 어떤 방식으로 하느냐' 라는 질문에, '온라인'이라고 답변하면 '편리하다' 라는 키워드를 간단하게 사용할 수 있습니다. 즉 소재에만 연연해 하지말고 문제의 핵심을 파악한다면 교재 안에서 다룬 내용들 만으로도 쉽게 답변을 만들어 낼 수 있게 될 것입니다.

Q 똑같은 매직앤써 템플릿을 같은 회차의 시험에서 두 문항 이상에 사용해도 괜찮은 가요?

A 네, 괜찮습니다. 같은 내용이 반복되면 감점을 받을 수 있다는 규정은 없습니다. 다만 표현이 제한적이라는 코멘트가 있을 수도 있겠지만 내용이 같다는 그 자체만으로 감점 요인이 되지는 않습니다.

Q 30초 답변을 할 때 말이 느려서 도저히 예시까지는 넣을 수가 없습니다. 그러면 감점인가요?

A 아닙니다. 예시는 고득점을 받는 30초 답변을 만들기 위해 권해드리는 방법일 뿐이지 무조건 예시가 포함되어야 한다는 규정은 없습니다. 편하게 할 수 있는 만큼만 설명하면 되겠습니다.

Part 4.

Respond to Questions Using Information Provided

나는 친절한 고객 상담원

Directions: In this part of the test, you will answer three questions based on the information provided. You will have 45 seconds to read the information before the questions begin. You will have three seconds to prepare after you hear each question. You will have 15 seconds to respond to Questions 8 and 9 and 30 seconds to respond to Question 10.

제공된 정보를 이용해 질문에 답하기

디렉션: 이번 파트에서는 제공된 정보에 근거하여 세 문제에 대한 답변을 하게 됩니다. 문제가 나오기 전 45초간 정보를 읽는 시간이 주어집니다. 정보를 읽는 시간 후 문항 당 3초씩의 준비시간이 주어지며 8,9번 문항은 15초, 10번 문항은 30초간 답변하게 됩니다.

Part 4 문항구성

Part 4는 표 안의 내용을 전달하여 답변을 하는 파트입니다. Q 8-10 총 세 문항이 출제되며 준비시간은 질문이 나오기 전 표 읽는 시간으로 45초, 그리고 문항별로 3초가 주어집니다. 답변시간은 8-9번 문항에 15초 10번 문항에 30초가 주어집니다.

TOEIC Speaking	8-10 of 11

Annual Seminar for Nutritionists Monday January 17 Conference Room, Ocean View Hotel	
9:00 AM-9:30 AM	Welcoming Speech (Maria Gonzales, President)
9:30 AM -10:30 AM	Workshop: Nutrition, The Best Medicine (Mike Anderson, Training Coordinator)
10:30 AM-12:00 PM	Lecture: Healthy Benefits of Whole Grain (Julia Perez, Manager)
12:00 PM-1:00 PM	Lunch-Healthy Noodle Factory (Vegetarian option provided)
1:00 PM-2:00 PM	Lecture: Nutritional Factor Analysis (Peter Jackson, Nutrition Analyst)
2:00 PM-2:30 PM	Closing Speech-Be a Nutritional Foodie (Maria Gonzales, President)

PREPARATION TIME
00:00:45

PREPARATION TIME 00:00:03	**PREPARATION TIME** 00:00:03	**PREPARATION TIME** 00:00:03
PREPARATION TIME 00:00:15	**PREPARATION TIME** 00:00:15	**PREPARATION TIME** 00:00:30

② Part 4 개요

문제번호	문제유형	답변 준비시간	답변시간	평가기준	채점용 점수
Questions 8-10	Respond to Questions Using Information Provided 제공된 정보를 사용해 질문에 답하기	정보 읽기 45초 문항별 각 3초	8번 : 15초 9번 : 15초 10번 : 30초	발음, 억양과 강세 문법, 어휘, 일관성 내용의 관련성 내용의 완성도	0-3점

③ Part 4 평가기준

배점	평가기준
3점	질문에 대해 적절하게 응답하며 일정표에서 얻어낸 정보가 정확하다. - 거의 항상 매끄럽고 일관되게 표현하며 평가자가 이해하는 데 거의 어려움이 없다. - 질문에 적합한 어휘를 시용한다. - 과제에 적절한 구문을 사용한다.
2점	질문에 대해 연관성 있는 응답을 하지만 일정표에서 얻어낸 정보가 완벽하지 않거나 부분적으로 부정확할 수 있다. - 대체로 알아들을 수는 있으나 평가자가 이해하는 데 다소 어려움이 있다. - 전체적인 의미는 명확하지만 어휘가 부족하거나 약간 부정확하게 사용될 수 있다. - 구문 사용 능력이 부족하여 의미를 해석하는 데 다소 지장을 준다.
1점	질문에 대해 적절하게 응답하지 못하며 일정표에서 얻어낸 정보가 쓸모 없는 내용이거나 부정확하다. - 표현력이 떨어져서 평가자가 이해하는 데 상당히 어려움이 있다. - 어휘 시용이 부정확하거나 화면에 나오는 단어를 반복한다 - 구문 시용이 의미 해석을 방해한다.
0점	무응답이거나 답변과 정보 간의 연관성이 전혀 없다.

4 점수대별 답변 들어 보기

IM3 130  MP3 Part4-01

AL 160  MP3 Part4-02

AH 200 MP3 Part4-03

5 파트4 고득점 요령

첫째, 준비시간 45초 동안에 어떤 종류의 표인지 빨리 파악하고
미리 예상문제 생각하자!

표의 종류에 따라 나오게 될 특정 질문들이 정해져 있기 때문에 표를 보자마자
어떤 종류의 정보인지 이해하는 것이 중요하다.

둘째, 질문에 집중해서 답을 빨리 찾아내자!

답변에 필요한 모든 정보는 화면 안에 있다. 질문에서 요구하는 것이 무엇인지 빨리
이해하고 답을 찾아서 정확하게 답변하도록 한다.

셋째, 잘못된 정보를 전달하지 않도록 유의하자!

파트4는 정확한 정보를 상대방에게 얼마나 잘 전달하느냐가 중요한 파트이다.
그러므로 시간, 요일 날짜등 사소한 정보들에도 집중해서 잘못된 내용을 말하지
않도록 한다.

Part 4 기본에 충실하기

1 표의 내용을 분석하여 설명할 수 있어야 한다!

파트4에서는 행사 일정에 관한 표가 가장 많이 출제되며 표의 내용을 모두 영어로
설명하는데 막힘이 없어야 합니다. 다음 4번 매직앤써를 활용하여 아래 표에 나온
정보를 신속하게 문장으로 완성해봅시다.

Annual Seminar for Nutritionists Monday January 17 Conference Room, Ocean View Hotel	
9:00 AM-9:30 AM	Welcoming Speech (Maria Gonzales, President)
9:30 AM -10:30 AM	Workshop: Nutrition, The Best Medicine (Mike Anderson, Training Coordinator)
10:30 AM-12:00 PM	Lecture: Healthy Benefits of Whole Grain (Julia Perez, Manager)
12:00 PM-1:00 PM	Lunch-Healthy Noodle Factory (Vegetarian option provided)
1:00 PM-2:00 PM	Lecture: Nutritional Factor Analysis (Peter Jackson, Nutrition Analyst)
2:00 PM-2:30 PM	Closing Speech-Be a Nutritional Foodie (Maria Gonzales, President)

영양사들을 위한 연례 세미나 1월 17일 월요일 Ocean View 호텔 회의실	
오전 9:00 -오전 9:30	환영사 (Maria Gonzales, 회장)
오전 9:30 -오전 10:30	워크샵: 영양, 최고의 명약 (Mike Anderson, 교육 담당자)
오전 10:30 -오후 12:00	강의: 통곡물의 영양상 이점 (Julia Perez, Manager)
오후 12:00 - 오후 1:00	점심-Healthy Noodle Factory (*채식주의자 메뉴 제공됨)
오후 1:00 - 오후 2:00	강의: 영양요소 분석 (Peter Jackson, 영양 분석가)
오후 2:00 - 오후 2:30	폐회사-영양가 있는 미식가가 되어라 (Maria Gonzales, 회장)

●여러가지 part4문제에 통하는 **Magic Answer.**

행사 일정에 적용되는 만능 템플릿

🔍Case 1

"[행사]가 ~[장소]에서 ~[날짜]에 열릴 것입니다."

<u>행사</u> will be held on <u>날짜</u> at/in <u>장소</u> .

🔍Case 2

"[행사]가 ~[시간]에 시작 될 (또는 끝날) 것입니다."

<u>행사</u> will start / finish at <u>시간</u> .

🔍Case 3

"[발표자]에 의해 진행되어지는 [일정] 이 있겠습니다. "

There will be <u>일정</u> given by <u>발표자</u> .

🔍Case 4

"[발표자]가 [일정]을 진행할 것입니다."

<u>발표자</u> will give <u>일정</u> .

🔍Case 5

"당신은 [일정]에 참여하실 수 있습니다(또는 참여할 것입니다).

You can / will participate in <u>일정</u> .

1 4번 매직앤써 case-1 패턴 사용하여 날짜와 장소 말하기

 MP3 Part4-04

Magic Answer No.4-case1 ···

"[행사]가 ~[장소]에서 ~[날짜]에 열릴 것입니다."

<u>행사</u> will be held on <u>날짜</u> at/in <u>장소</u> .

영양사를 위한 연례 세미나는 1월 17일 월요일에 Ocean View호텔에서 열릴 것입니다.

Annual Seminar for Nutritionists will be held on Monday, January seventeenth in conference room at Ocean View Hotel.

 Jasmine's tip

★ 날짜와 요일을 함께 말할 때는 요일, 날짜 순서로 말하며 전치사는 on을 사용한다.

★ 장소를 말할 때는 작은 장소, 큰 장소 순서대로 말하며 전치사는 in 또는 at을 사용하고 행사가 예정된 특정 장소이므로 앞에 정관사 the를 붙인다.

★ 장소가 방이나 연회장일 경우 in, 상호명이 쓰여 있을 경우 at을 사용한다.

2 / 4번 매직앤써 case-2 패턴 사용하여 시작시간과 종료 시간 말하기

⟨ Magic Answer No.4-case2 ⟩ ------------

"[행사]가 ~[시간]에 시작 될 (또는 끝날) 것입니다."

행사 will start / finish at 시간 .

will start at		
9:00 AM-9:30 AM	Welcoming Speech (Maria Gonzales, President)	
9:30 AM -10:30 AM	Workshop: Nutrition, The Best Medicine (Mike Anderson, Training Coordinator)	
10:30 AM-12:00 PM	Lecture: Healthy Benefits of Whole Grain (Julia Perez, Manager)	
12:00 PM-1:00 PM	Lunch-Healthy Noodle Factory (Vegetarian option provided)	
1:00 PM-2:00 PM	Lecture: Nutritional Factor Analysis (Peter Jackson, Nutrition Analyst)	
2:00 PM-2:30 PM	Closing Speech-Be a Nutritional Foodie (Maria Gonzales, President)	
will finish at		

영양사를 위한 연례 세미나는 오전 9시에 시작할 것입니다.

Annual Seminar for Nutritionists will start at 9:00 AM.

영양사를 위한 연례 세미나는 오후 2시 30분에 끝날 것입니다.

Annual Seminar for Nutritionists will finish at 2:30 PM.

 Jasmine's tip

★ 행사 시작시간을 말할 때는 '시작하다' 라는 의미의 동사인 start또는 begin을 능동태로 사용하며 시간 앞에는 전치사 at을 사용한다.

★ 행사 종료시간을 말할 때는 '끝나다' 라는 의미의 동사인 finish 또는 end를 사용한다

3 4번 매직앤써 case-3 패턴 사용하여 세부 일정 말하기

> Magic Answer No.4-case3

"[발표자]에 의해 진행되어지는 [일정] 이 있겠습니다. "

There will be 일정 given by 발표자 .

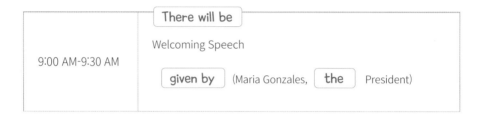

9:00 AM-9:30 AM	**There will be** Welcoming Speech **given by** (Maria Gonzales, **the** President)

오전 9시부터 9시 30분까지 회장님이신 Maria Gonzales 씨에 의해 진행되는 개회사가 있겠습니다.

From nine to nine thirty AM, **there will be** a welcoming speech **given by** Maria Gonzales, the president.

💡 **Jasmine's tip**

★ 각 일정마다 시작, 종료 시간이 함께 명시되어 있을 때는 전치사 from-to를 사용한다.

★ '발표, 또는 연설을 하다' 라는 표현에 쓰이는 동사인 give를 과거분사형으로 바꿔 발표자와 연결한다.

★ 직책 앞에는 정관사 the를 붙여준다.

4 4번 매직앤써 case-4 패턴 사용하여 세부 일정 말하기

Magic Answer No.4-case4

"[발표자]가 [일정]을 진행할 것입니다."

발표자 will give 일정 .

9:30 AM -10:30 AM	Workshop: [on] Nutrition, The Best Medicine ◄┄┄ (Mike Anderson, Training Coordinator) [will give] ┄┘

오전 9시 30분부터 10시 30분까지 교육 담당자인 Mike Anderson 씨가 '영양, 최고의 명약'이라는 주제의 워크샵을 진행할 것입니다.

From nine thirty to ten thirty AM, Mike Anderson, the training coordinator will give a workshop on 'Nutrition, The Best Medicine'.

Jasmine's tip

★ 발표자를 주어로 하여 능동태 표현을 하기도 한다.

★ [발표자] will give [일정] on/about [발표주제] 순서로 나열할 수 있다.

5 4번 매직앤써 case-5 패턴 사용하여 세부 일정 말하기

Magic Answer No.4-case5 ·············

"당신은 [일정]에 참여하실 수 있습니다(또는 참여할 것입니다).

You can / will participate in 일정 .

	You will participate in
10:30 AM-12:00 PM	Lecture: about Healthy Benefits of Whole Grain (Julia Perez, the Manager)

오전 10시 30분부터 오후12시까지 당신은 매니저인 Julia Perez 씨에 의해 진행되는 '통곡물의 영양상 이점'에 관한 강의에 참여할 것입니다.

From ten thirty to twelve PM, you will participate in a lecture about Benefits of Whole Grain given by Julia Perez, the manager.

 Jasmine's tip

★ 대화하는 상대방이 행사에 참여하는 당사자일 경우 주어를 you로 말할 수 있다

★ '~에 참여하다' 라는 의미의 participate in을 사용한다.

2 자주 출제되는 유형에 대비하자

파트4 에서는 주어진 정보들을 얼마나 빨리 완전한 문장으로 연결하여 말할 수 있느냐가 답변의 완성도를 좌우합니다. 표의 종류와 성격이 바뀌어도 당황하지 않고 주어진 정보와 그 정보들의 품사를 활용하여 문장을 말해야 합니다. 매직앤써 3번을 참고하여 다음 표를 읽어보세요.

Travel Itinerary Sandler Tech Electronics Steven Mars (Research Director)		
	7:00 AM	Depart Atlanta (Blue Sky Airlines Flight# 835)
Wed. Nov.8	9:30 AM	Arrive Seattle Check in-Ocean View Hotel
	11 AM-5 PM	Market Field Research (Marina Department Store)
Thur. Nov.9	9 AM-5 PM	Technology Conference (Pride Hotel)
Fri. nov.10	8 AM	Depart Seattle (Blue Sky Airlines Flight# 175)
	10:30 AM	Arrive Atlanta

여행 일정표 Sandler Tech Electronics Steven Mars (연구 이사)		
	오전 7시	Atlanta에서 출발 (Blue Sky 항공사 835편)
11월 8일 수	오전 9시 30분	Seattle에 도착 체크인-Ocean View 호텔
	오전 11시-오후 5시	시장 조사 연구 (Marina 백화점)
11월 9일 목	오전 9시–오후 5시	기술 회의 (Pride 호텔)
11월 10일 금	오전 8시	Seattle에서 출발 (Blue Sky 항공사 175편)
	오전 10시 30분	Atlanta에 도착

Magic Answer No.5

여행, 출장 일정에 적용되는 만능 템플릿

Case 1

"당신은 [출발도시] 로부터 출발할 것입니다."

You will depart from 출발도시 .

Case 2

"당신은 [도착도시]에 도착할 것입니다."

You will arrive in 도착도시 .

Case 3

"당신은 [항공편]을 이용하게 됩니다."

You will be flying with 항공편 .

Case 4

"당신은 [기차/버스편]을 이용하게 됩니다."

You will be travling with 기차/버스편 .

1 5번 매직앤써 case-1 패턴 사용하여 출발시간과 날짜, 출발도시 말하기

▶ MP3 Part4-05

> Magic Answer No.5-case1

"당신은 [출발도시] 로부터 출발할 것입니다."

You will depart from ___출발도시___ .

on Wed. Nov.8	7:00 AM	You will Depart from Atlanta (Blue Sky Airlines Flight# 835)

당신은 11월 8일 수요일 오전 7시에 Atlanta로부터 출발할 것입니다.

You will depart from Atlanta at seven A.M. on Wednesday November eighth.

 Jasmine's tip

★ depart나 arrive처럼 첫 단어가 동사인 경우에는 You will~ 을 붙이면 자연스럽게 문장으로 연결된다.

2 5번 매직앤써 case-2 패턴 사용하여 도착시간과 날짜, 도착도시 말하기

< Magic Answer No.5-case2 >

"당신은 [도착도시]에 도착할 것입니다."

You will arrive in 도착도시 .

Wed. Nov.8	9:30 AM	You will Arrive in Seattle You will Check in- at Ocean View Hotel

당신은 11월 8일 수요일 오전 9시 30에 Seattle에 도착할 것입니다. 그리고 당신은 Ocean View 호텔에 체크인 할 것입니다.

You will arrive in Seattle at nine thirty A.M. on Wednesday November eighth. And you will check in at Ocean View Hotel.

Jasmine's tip

★ Check-in 도 동사이므로 you will을 붙여 간단하게 답변할 수 있다.

3 5번 매직앤써 case-3 패턴 사용하여 항공편 말하기

Magic Answer No.5-case3

"당신은 [항공편]을 이용하게 됩니다."

You will be flying with ___항공편___ .

Fri. nov.10	8 AM	Depart Seattle **You will be flying with** (Blue Sky Airlines Flight# 175)

당신은 Blue Sky 항공 175편을 이용하시게 됩니다.

You will be flying with Blue Sky Airlines Flight number one seven five.
(one seventy-five)

 Jasmine's tip

★ 항공편 175번은 수량이 아닌 고유번호 이므로 one hundred seventy-five로 읽지 않는다.

자스민의 파트4 초치기비법

 ### 찍어야 산다!
준비시간 45초 집중이 답변의 정확도를 높인다!

표를 읽을 수 있는 45초 동안에 각 문항에서 나올 만한 문제들을 미리 알 수 있다면
질문을 잘 못 듣더라도 답변의 정확하게 할 수 있게됩니다. 각 문항별로 어떤 유형의
문제가 출제되는지 미리 예상하는 비법을 알아봅시다.

 ### 8번 문항

8번 문항이 나오기 전에는 표의 제목부분과 첫 일정 그리고 마지막 일정을 주시합니다.
행사 장소, 날짜, 시작과 종료시간 등에서 문제가 출제될 가능성이 매우 높으므로 특히
의문사에 집중해야 합니다.

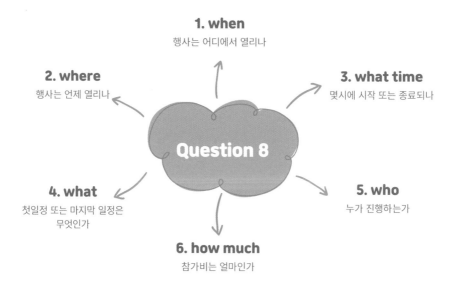

1. when
행사는 어디에서 열리나

2. where
행사는 언제 열리나

3. what time
몇시에 시작 또는 종료되나

Question 8

4. what
첫일정 또는 마지막 일정은
무엇인가

5. who
누가 진행하는가

6. how much
참가비는 얼마인가

Annual Seminar for Nutritionists	
① Monday January 17 Conference Room, Ocean View Hotel	
9:00 AM-9:30 AM	Welcoming Speech (Maria Gonzales, President)
9:30 AM -10:30 AM	Workshop: Nutrition, The Best Medicine (Mike Anderson, Training Coordinator) **②**
10:30 AM-12:00 PM	Lecture: Healthy Benefits of Whole Grain (Julia Perez, Manager)
12:00 PM-1:00 PM	Lunch-Healthy Noodle Factory (Vegetarian option provided)
1:00 PM-2:00 PM	Lecture: Nutritional Factor Analysis (Peter Jackson, Nutrition Analyst)
2:00 PM-2:30 PM	Closing Speech-Be a Nutritional Foodie (Maria Gonzales, President)

▶ MP3 Part4-06

①

When and where will the seminar be held?

언제 어디에서 세미나가 열립니까?

Model Answer: Hi, sir. The Seminar will be held on Monday January seventeenth in Conference Room at Ocean View Hotel. Any other questions?

세미나는 1월 17일 월요일에 Ocean View 호텔의 회의실에서 열릴 것입니다.

②

What is the first session, and what time will it begin?

첫번째 일정은 무엇이며 몇 시에 시작합니까?

Model Answer: Hi, sir. The first session is a welcoming speech given by Maria Gonzales, the president. It will start at nine AM. Any other questions?

안녕하십니까? 첫번째 일정은 회장님이신 Maria Gonzales씨에 의해 진행되어지는 개회사이며 오전 9시에 시작합니다. 다른 질문은 없으십니까?

 Jasmine's tip

★ Part4 는 고객과의 전화통화를 한다는 가정 하에 진행되는 파트이므로 첫 전화 연결이 되는 8번 문항에서 상냥하게 인사를 하면 실제 통화의 느낌을 잘 살릴 수 있다.

★ 다음 질문이 나오기 전 "Any other questions?"하고 되물어주면 부드러운 대화를 이러나는 효과를 줄 수 있다.

9번 문항

9번 문항은 보통 확인 의문문 형태로 질문하며 <u>잘못된 시간정보</u>들을 말하거나 <u>추가 설명</u>을 요구하는 문제에 대비해야 합니다. 표 안의 특이사항에 관해 묻거나 잘못된 정보를 말하고 확인을 요구하기도 합니다.

1. As I remember, ..
제가 기억하는바로는..

2. Am I right?
내 말이 맞는가?

3. I heard that ..
...라고 들은것 같다.

4. Is that correct?
그것이 정확한가

Annual Seminar for Nutritionists
Monday January 17
Conference Room, Ocean View Hotel

9:00 AM-9:30 AM	Welcoming Speech (Maria Gonzales, President)
9:30 AM -10:30 AM	Workshop: Nutrition, The Best Medicine (Mike Anderson, Training Coordinator)
10:30 AM-12:00 PM	Lecture: Healthy Benefits of Whole Grain (Julia Perez, Manager)
12:00 PM-1:00 PM	Lunch-Healthy Noodle Factory (Vegetarian option provided)
1:00 PM-2:00 PM	Lecture: Nutritional Factor Analysis (Peter Jackson, Nutrition Analyst)
2:00 PM-2:30 PM	Closing Speech-Be a Nutritional Foodie (Maria Gonzales, President)

▶ MP3 Part4-07

1

I know I have to bring my own lunch since I'm a vegetarian. Am I right?
저는 채식주의자이므로 제 점심을 따로 가져가야 하는 걸로 알고 있습니다. 제 말이 맞습니까?

Model Answer: Actually, no. you will have lunch at Healthy Noodle Factory, and vegetarian option will be provided. So you don't have to worry about it. Anything else?
그렇지 않습니다. 당신은 Healthy Noodle Factory에서 점심식사를 하시게 되며 채식주의자 메뉴가 제공됩니다. 그러니 걱정하실 필요 없습니다. 다른 질문은요?

2

As I remember, workshop is scheduled in the afternoon. Is this correct?
제가 기억하는 바로는 워크샵이 오후에 예정되어 있습니다. 맞습니까?

Model Answer: I'm sorry but you've got the wrong information. Actually, the workshop is scheduled in the morning, from nine thirty to ten AM. Anything else?
죄송하지만 잘못된 정보입니다. 사실 워크샵은 오전 9시 30분부터 10시 30분까지 예정되어 있습니다. 다른 질문은요?

💡 **Jasmine's tip**

★ 질문 내용이 틀렸을 때는 I don't think so. 또는 I'm sorry but you've got the wrong information. 등의 문장으로 답변을 시작한다.

★ 9번 문항은 주로 상대방의 염려나 걱정을 다루는 질문이 많으므로 답변의 마지막에 You don't have to worry about it. 등으로 마무리를 해주는 것도 좋은 방법이다.

자스민의 파트4 **초치기**비법

10번 문항

10번은 시간대별 일정이나 공통 사항들을 묻는 경우가 많습니다. 일정 중 비슷하게 겹치는 내용이 있거나 시간대별로 나누어지는 부분이 있다면 잘 집중해서 살피다가 문제에 정확하게 답변해야 합니다.

1. sessions in the morning..
오전 일정에 대해 말해달라

2. befor/ after
~시 이전 또는 이후의 일정에 대해 말해달라

Question 10

3. his/her session..
..특정인이 진행하는 일정에 대해 모두 말해달라

4. same topic
공통되는 일정에 대해 모두 말해달라

Annual Seminar for Nutritionists
Monday January 17
Conference Room, Ocean View Hotel

Time	Session
9:00 AM-9:30 AM	Welcoming Speech (Maria Gonzales, President)
9:30 AM -10:30 AM	Workshop: Nutrition, The Best Medicine (Mike Anderson, Training Coordinator)
10:30 AM-12:00 PM	Lecture: Healthy Benefits of Whole Grain (Julia Perez, Manager)
12:00 PM-1:00 PM	Lunch-Healthy Noodle Factory (Vegetarian option provided)
1:00 PM-2:00 PM	Lecture: Nutritional Factor Analysis (Peter Jackson, Nutrition Analyst)
2:00 PM-2:30 PM	Closing Speech-Be a Nutritional Foodie (Maria Gonzales, President)

MP3 Part4-08

1 Could you tell me all the sessions after the lunch break?

점심시간 이후의 일정을 모두 설명해 주실 수 있나요?

Model Answer: Sure. There are two sessions after the lunch break. First, from one to two PM, there will be a lecture on Nutritional Factor Analysis given by Peter Jackson, a nutrition analyst. Also, from two to two thirty PM, Maria Gonzales, the president will give the closing speech on 'Be a Nutritional Foodie'. I hope you've got all the information you need. Thank you. Bye.

물론입니다. 점심시간 이후에는 두 가지의 일정이 있습니다. 첫째, 오후 1시부터 2시까지 영양 분석가인 Peter Jackson 씨에 의해서 진행되는 '영양 요인 분석'에 대한 발표가 있겠습니다. 또한 오후 2시부터 2시 30분까지 회장님 이신 Maria Gonzales 씨께서 '영양적인 미식가가 되어라' 라는 주제의 폐회사를 진행하시겠습니다. 필요하신 모든 정보 얻으셨기 바랍니다. 감사합니다. 안녕히 계세요.

2 Could you tell me all the lectures that will be offered?

제공되는 강의에 대한 모든 세부사항을 말씀해주실 수 있나요?

Model Answer: Sure. There are two lectures. First, from ten thirty AM to twelve PM, there will be a lecture about Healthy Benefits of Whole Grain given by Julia Perez, the manager. Also, from one PM to two PM, Peter Jackson, a nutrition analyst will give a lecture about Nutritional Factor Analysis. I hope you've got all the information you need. Thank you. Bye.

물론입니다. 두 가지의 강의가 있습니다. 첫째, 오전 10시 30분부터 오후12시까지 매니저인 Julia Perez씨에 의해 진행되어지는 '통곡물의 영양상 이점'에 대한 강의가 있겠습니다. 또한 오후 1시부터 2시까지 영양분석가인 Peter Jackson씨가 영양요소 분석에 대한 강의를 진행할 것입니다. 필요하신 모든 정보 얻으셨기 바랍니다. 감사합니다. 안녕히 계세요.

 Jasmine's tip

★ 여러 가지 일정을 나열할 때는 먼저 There are two sessions. 등의 주제문을 먼저 말하며 답변을 짜임새 있게 만든다.

★ First, Next, Also, Finally 등의 순서를 나타내는 표현을 적절히 사용하여 문장 간의 연결이 자연스럽게 이어지도록 한다.

■ 다음 행사일정표를 보며 문항별로 출제될 문제를 미리 예상하고 질문에 답변해보세요.

Lehman Publishing New Employee Seminar Sep. 28 Conference Room A	
9:00 AM - 9:30 AM	Welcome Address (Sharon Smith, President)
9:30 AM - 10:30 AM	Getting New Books into Libraries (Silvia Laurence, managing director)
10:30 AM - 11:30 AM	Publishing Plan & Process (Andrew Nelson, publishing department)
11:30 AM - 12:30 PM	Lunch
12:30 PM - 1:30 PM	Library Policies and Procedures (Lynn Wei, librarian)
1:30 PM - 2:00 PM	Building Tour (Jeff Peterson, Human Resources)
2:00 PM - 3:00 PM	Question & Answer Session

▶ MP3 Part4-09

Hi this is Jeremy Bergh from the human resources department. I know you're working on the schedule for the new employee seminar, and I'd like to confirm some of the details with you.

Question 8

Q. Where will the seminar be held, and what time does it start?

A. _____

Question 9

Q. I heard that there will be a time for building tour at the seminar. That is in the morning, right?

A. _____

Question 10

Q. Can you tell me all the sessions that specifically about the library?

A. _____

_____

Lehman Publishing

신입 직원 세미나
9월 28일 회의실 A ⑧

오전 9:00-오전 9:30	환영사 (Sharon Smith, 대표)
오전 9:30-오전 10:30	도서관에 새로운 도서 들이기 (Silvia Laurence, 상무이사)
오전 10:30-오전 1:30	출판 계획 & 절차 (Andrew Nelson, 출판부) ⑩
오전 11:30-오후12:30	점심식사
오후 12:30-오후 1:30	도서관 정책과 절차 (Lynn Wei, 사서)
오후 1:30-오후 2:00	빌딩 투어 (Jeff Peterson, 인사부) ⑨
오후 2:00-오후 3:00	질의응답 세션

안녕하십니까, 저는 인적자원 부서의 Gerard Bergh입니다. 당신이 신입직원 세미나를 담당 하신다고 들었습니다. 당신과 세부사항을 확인하고 싶습니다.

Question 8

Q. 세미나는 어디서 개최되고, 몇 시에 시작합니까?

Model Answer

Hello sir. The seminar will be held in the conference room A, and the first session will start at 9 AM. Any other questions?

안녕하십니까. 세미나는 컨퍼런스룸 A에서 개최 될 예정이고, 첫 세션은 오전 9시에 시작할 것입니다. 질문 있으십니까?

Question 9

Q. 저는 세미나에 빌딩 투어를 위한 시간이 있을 것이라고 들었습니다. 그것은 아침에 진행되는 것이 맞습니까?

Model Answer

I'm sorry, but you've got the wrong information. Actually, the building tour will start at 1:30 PM and end at 2 PM. Anything else?

죄송하지만 잘못된 정보를 가지고 계십니다. 빌딩 투어는 오후 1시 30분에 시작해서 2시에 끝날 것입니다. 다른 질문 있으십니까?

Question 10

Q. 도서관에 관한 특정 세션에 대해 모두 말씀해주실 수 있으십니까?

Model Answer

Sure. There are two sessions about the library. First, from 9:30 to 10:30 AM, there will be a session on Getting New Books into Libraries given by Silvia Laurence, the managing director. Also, in the afternoon, there will be a session about Library Policies and Procedures given by Lynn Wei, a librarian. I hope you have all the information you need. Thank you, bye.

물론입니다. 도서관에 관한 세션은 두 개가 있습니다. 먼저, 아침 9시 30분부터 10시 30분까지, 상무이사인 Silvia Gonzales씨에 의해 진행되는 새로운 도서를 도서관에 들이는 것에 대한 세션이 있을 것입니다. 또한, 오후에는 사서인 Lynn Wei씨에 의해 도서관 정책과 절차에 대한 세션이 있을 예정입니다. 필요하신 정보를 모두 얻으셨기 바랍니다. 감사합니다. 안녕히 계세요.

■ 다음 출장일정표를 보며 문항별로 출제될 문제를 미리 예상하고 질문에 답변해보세요.

Business Trip Itinerary	
Paul MacNalty, Art Director	
Thur. April 21	
8 AM	Depart Boston (Robin Airlines Flight# 835)
9 AM	Arrive New York
12 PM-2 PM	Lunch Meeting- Katie Andrea (Marketing Director)
6 PM -7 PM	Art Director Meeting
Fri. April 22	
9 AM -11 AM	Attend Business Conference-JT Convention Center -M&A with Milan Fashion Magazine
11 AM -12 PM	Educate New Editors-Company's Goals & Plans
2 PM	Depart New York
4 PM	Arrive Boston

▶ MP3 Part4-10

Hi, this is Paul MacNalty. I had an itinerary for my business trip to New York next week, but I forgot it in my office and I really need to know some details about it.

Question 8

Q. What time do I depart from Boston on Thursday and with what airline?

A. _____

Question 9

Q. I may need to visit some of our affiliates on Thursday if possible. Will I have a time for that on Thursday afternoon?

A. _____

Question 10

Q. Could you give me all the details of what I am supposed to do on Friday morning?

A. _____

Business Trip 일정표
Paul Mandafield, 아트 디랙터

5월 22일 목		
오전 8시	Boston에서 출발 (Robin 항공사 835편)	8
오전 9시	New York에 도착	
오후 12시 – 오후 2시	점심 회의- Kate Romano (마케팅 이사)	
오후 6시 – 오후 7시	미술 감독 회의	
5월 23일 금		
오전 9시 – 오전 11시	비즈니스 회의 참석- AT 컨벤션 센터 -M&A와 Milan Fashion 잡지사와의 인수 합병	10
오전 11시 – 오후 12시	신입 편집자 교육 -회사의 목표와 계획	
오후 2시	New York으로 출발 (Robin Airlines 항공사 207편)	
오후 4시	Boston에 도착	

안녕하세요 저는 Paul Mandafield입니다. 저는 다음주에 있을 출장에 대한 일정표를 가지고 있었지만 사무실에 두고 왔습니다. 그래서 일정에 대한 자세한 사항을 알고 싶습니다.

Question 8

Q. 몇 시에 목요일 보스턴으로 출발을 하며 어떤 항공사를 통해 가게 되나요?

Model Answer

Hello, Paul. You will depart from Boston at 8 AM. You will be flying with Robin Airlines, on flight eight three five. Any other questions?

안녕하세요 Paul씨 당신은 오전 8시에 Boston으로 출발할 것입니다. 당신은 Robin 항공사 835편을 이용할 것입니다. 다른 질문은 없으십니까?

Question 9

Q. 저는 목요일에 가능하다면 우리의 계열사 중 일부를 방문하고 싶습니다. 목요일 오후에 제가 방문할 시간이 있을까요?

Model Answer

Sure. The lunch meeting will finish at 2 PM, and the next schedule which is the art director meeting will start at 6 PM. You will be able to have about four hours on Thursday afternoon. So you don't have to worry about it.

물론입니다. 점심 회의는 오후 2시에 끝날 것입니다. 그리고 다음 스케줄인 미술감독 회의는 오후 6시에 시작할 것입니다. 당신은 목요일 오후에 4시간 정도의 시간이 있을 것입니다. 그러니 걱정하지 마십시오.

Question 10

Q. 금요일 아침에 제가 무엇을 해야 되는지에 대한 자세한 사항을 알려주실 수 있나요?

Model Answer

Sure. At first, from nine to 11 AM., you will attend the business meeting at JT Convention Center. You will talk about M&A with Milan Fashion Magazine. Also, you will educate new designers from 11 A.M. to 12 P.M. You are supposed to talk about Company's Goals and Plans. I hope you have all the information you need. Thank you. Bye.

물론입니다. 먼저 오전 9시부터 11시까지 당신은 JT 컨벤션 센터에서 비즈니스 회의에 참석할 것입니다. 당신은 Milan Fashion 잡지사와의 인수합병에 대해 이야기를 할 것입니다. 또한 당신은 오전 11시부터 오후 12시까지 새로운 디자이너들을 교육하게 될 것입니다. 그리고 회사의 목표와 계획에 대해 이야기할 것입니다. 필요하신 정보 모두 얻으셨기 바랍니다. 감사합니다. 안녕히 계세요.

Idea Bank

Part 4 유용한 답변 꿀팁!

 MP3 Part4-11

숫자 읽기

1 / 시간 읽기

■ 앞에서부터 차례로 읽어 나간다.

9:00 A.M.	nine A.M	1:00 PM	one P.M.
10:30 A.M.	ten thirty A.M.	3:00P.M-4:00 P.M.	three to four P.M.

2 / 날짜 읽기

■ **연도읽기**: 연도를 읽을 때는 두 자리씩 끊어서 읽는다.

2020년:	twenty twenty	2010년:	twenty ten
2019년:	twenty nineteen	1991년:	nineteen ninety-one

▶ 예외 1: 2000년도 이후

2000년:	two thousand	2002년:	two thousand two

▶ 예외 2: 마지막 숫자가 00으로 끝나는 경우

1900년:	nineteen hundred	1800년:	eighteen hundred

■ 날짜를 읽을 때는 요일, 월, 일 순서로 읽는다.

January 1	January first	October 25	October twenty-fifth
Mar. 2	March Second	Mon. Dec. 10	Monday, December tenth

3 / 금액읽기

■ 출제되는 대부분의 금액 단위는 $(달러) 이며 소수점 왼쪽은 dollar, 소수점 오른쪽은 cent로 읽는다.

$1	one dollar	$560	five hundred sixty dollars
$20	twenty dollars	$14.50	fourteen dollars and fifty cents

■ 금액이 커지면 쉼표를 기준으로 천 단위로 구분한다.

$30,000 thirty thousand dollars

$2,524   two thousand five hundred twenty-four dollars

4 / 번호읽기

■ 수량이 아닌 번호를 읽을 때는 각각 한 자리씩 읽거나 두 자리씩 끊어 읽기도 한다. **Room 204** room two ou(zero) four

Flight No. 82 flight number eighty-two

350 Park St. three fifty Park Street

NY 11360 New York one one three six zero

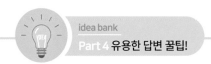
전치사 읽기

1 시간전치사

■ **at**: 시간과 함께 쓰인다.

at 6:30 P.M.	오후 6시 30분에
at noon	정오에
at the beginning of the meeting	회의 시작 부분에
at the end of the month	월 말에

■ **on**: 요일, 날짜, 특정한 날에 함께 쓰인다.

on Wednesday	수요일에
on June 16	6월 16일에

■ **in**: 월, 연도 등의 앞에 쓰인다

in July	7월에
in 2021	2021년에

2 / 장소전치사

■ **in:** '~안에서' 라는 뜻으로 실내 공간을 나타내거나 도시, 국가, 주와 같이 넓은 면적의 장소를 나타낼 때 쓰인다.

in Room 405	405호실에서
in New York	뉴욕에서
in the meeting room	회의실에서
in China	중국에서

■ **at:** '~에서' 라는 뜻으로 구체적인 장소를 표현할 때 사용하며 주로 큰 건물 이름 앞에 많이 사용된다.

at Samson University	Samson 대학교에서
at Heathrow Airport	Heathrow 공항에서
at the Wilson Community Center	Wilson 주민센터에서
at the Broadway Theater	Broadway 극장에서

■ **on:** 길 이름이나 층수와 함께 쓰여 '~가에', '~층에' 를 나타낸다.

on Main Street	Main 가에
on the 5th floor	5층에

행사일정

Primary School Teacher's Workshop Melton Community Center Saturday Sep. 24		
Time	Session	Presenter
10:00 AM-11:00 AM	Efficient Lesson Planning	Louise Chan
11:00 AM-12:00 PM	Playing for Learning: Classroom Activities	Bill Walters
12:00 PM-13:00 PM	Lunch	
13:00 PM-14:00 PM	Plan for Field Trip	Richard Cludy
14:00 PM-15:00 PM	Art and Craft in Class	Bent Franklyn
15:00 PM-16:00 PM	~~Making Your Lesson Unique~~ (Canceled)	~~Yumi Park~~
16:00 PM-17:00 PM	Education Technology	Cavin Brody

▶ MP3 Part4-12

Hi this is Bent Franklyn. I'm supposed to speak at one of the sessions in the workshop. But before that, I'd like to ask some questions about the schedule.

Question 8

Q. Where will the workshop be held, and what time does the last session end?

A. _____

Question 9

Q. I have plenty of items to speak in my presentation. Is it possible to extend my session? Again, my name is Ben Franklin.

A. _____

Question 10

Q. I might not arrive in the morning. Can you tell me all the sessions that take place before noon?

A. _____

_____

초등 교사 워크숍		
Melton 주민 센터		
9월 24일 토요일		
시간	세션	발표자
오전10시 - 오전11시	효과적인 학습 계획	Louise Chan
오전11시 - 오후12시	학습을 위한 놀이: 교실 내 활동	Bill Walters
오후12시 - 오후13시	점심	
오후1시 - 오후2시	견학 계획	Richard Cludy
오후2시 - 오후3시	수업 중 미술과 공예	Bent Franklyn
오후3시 - 오후 4시	당신의 수업을 특별하게 만들가 (취소됨)	~~Yumi Park~~
오후4시 - 오후5시	교육 기술	Cavin Brody

안녕하세요 저는 Bent Franklyn입니다. 저는 워크숍 한 세션에서 연설하기로 되어 있습니다. 하지만 그 전에 일정에 대해 몇 가지 질문을 하고 싶습니다.

Question 8

Q. 워크숍은 어디에서 열리며 마지막 세션은 몇 시에 끝나나요?

Model Answer

Hello sir. The workshop will be held at Melton Community Center on Saturday September 24th. And the last session will finish at 5 PM. Any other questions?

안녕하세요. 워크숍은 9월 24일 토요일에 Melton 주민센터에서 열릴 예정입니다. 그리고 마지막 세션은 오후 5시에 끝납니다. 다른 질문 있으십니까?

Question 9

Q. 제 발표에서는 이야기할 것이 많습니다. 제 세션을 연장할 수 있을까요? 다시 한번 말씀드리면 제 이름은 Bent Franklyn 입니다.

Model Answer

I think it's possible to extend your session because from 3 to 4 PM, there was a presentation on Making Your Lesson Unique given by Yomi Park. However it has been canceled . Anything else?

제 생각으로는 오호 3시부터 4시까지 당신의 세션을 연장하는 것이 가능할 것 같아요. Yumi Park가 진행하는 만드는 것에 대한 발표가 있었으나 취소되었습니다. 또 다른 질문 있으세요?

Question 10

Q. 아침에 도착하지 못할 수도 있어요. 정오 전에 진행되는 모든 세션을 알려주실 수 있나요?

Model Answer sessions that take place before noon. First, from 10 AM to 11 AM, there will be a session on Efficient Lesson Planning given by Louise Chan. Also, from 11 AM to 12 PM, Bill Walter will give a session on Playing for Learning, and it's about Classroom Activities . I hope you've got all the information you need. Thank you, bye.

네. 정오 전에 두 가지 세션이 있습니다. 먼저 오전 10시부터 11시까지 Louise Chan 의 효과적인 학습 계획에 대한 세션이 있을 것입니다. 또한, 오전 11시부터 오후 12시까지, Bill Walters는 학습을 위한 놀이에 대한 세션을 제공할 것이고 그것은 교실 내 활동에 관한 것입니다. 필요한 모든 정보를 얻으셨기 바랍니다. 감사합니다, 안녕히 계세요.

면접일정

	James & Kennedy Law Firm Schedule of Job Interview Conference Room 112 Wednesday April 21		
Time	Applicant	Position	Current Employer
1:00 PM.	Stella Johnson	assistant	Miller and Monica
1:30 PM.	Sophia Costa	secretary	Suzanne and Kathrine
2:00 PM.	Elizabeth Taylor	accountants	Jeremy McGregor
2:30 PM.	Michael Alvarez	attorney	Peter and Julie
3:00 PM (canceled)	Emily Jackson	security guard	Andrew and Nelson
3:30 PM.	Robert Gregory	attorney	Anna and Chris

▶ MP3 Part4-13

Hi, this is Mr. Stan, I'm preparing for next week's interviews, but I lost my copy of the interview schedule. I'd like to get some details from you.

Question 8

Q. What is the name of the first applicant who we will be interviewing, and what time will that interview start?

A. _____

Question 9

Q. These interviews will be held in our Legal Library, right?

A. _____

Questionb10

Q. Would you give me all the details you have about any interviews with applicants for the attorney position?

A. _____

_____

James & Kennedy 로펌

채용 면접 일정표
회의실 112호
4월 21일 수요일

시간	지원자	직무	현재 직장
1:00 PM.	Stella Johnson	보조	Miller and Monica
1:30 PM.	Sophia Costa	비서	Suzanne and Kathrine
2:00 PM.	Elizabeth Taylor	회계사	Jeremy McGregor
2:30 PM.	Michael Alvarez	변호사	Peter and Julie
3:00 PM (취소됨)	~~Emily Jackson~~	~~보안요원~~	~~Andrew and Nelson~~
3:30 PM.	Robert Gregory	변호사	Anna and Chris

> Magic Answer No.6

면접 일정에 적용되는 만능 템플릿

🔍 **Case 1**

"[직책]에 지원한 [지원자]와의 면접이 있겠습니다."

There will be an interview with 지원자 who applied for 직책 .

🔍 **Case 2**

"당신은 [직책] 에 지원한 [지원자]를 면접 하시겠습니다.."

You will interview 지원자 who applied for 직책 .

🔍 **Case 3**

"그/그녀는 [현재근무처]에서 일하고 있습니다."

He / She is working at / for 현재근무처 .

🔍 **Case 4**

"그/그녀는 [경력햇수]년의 경력이 있습니다."

He / She has 경력 햇수 years of experiences.

친절한 피드백

안녕하십니까, Mr. Stan 입니다. 다음 주 면접 준비 중인데 면접 일정 사본을 잃어버렸습니다. 당신에게 세부사항을 좀 얻고 싶습니다.

Question 8

Q. 우리가 인터뷰할 첫 번째 지원자의 이름은 무엇이며, 그 인터뷰는 몇 시에 시작됩니까?

Model Answer

Hello Sir. The name of the first interviewee is Stella Johnson, it will start at 1:00 PM. Any other questions?

안녕하십니까? 첫 인터뷰 대상자의 이름은 Stella Johnson이며, 면접은 오후 1시에 시작합니다. 질문 있으십니까?

Question 9

Q. 이 인터뷰는 저희 법률 도서관에서 진행되는 것이 맞습니까?

Model Answer

I'm sorry but you got the wrong information. Actually, the interviews will be held in the conference room 112, not in the library. Anything else?

죄송하지만 잘못된 정보를 가지고 계십니다. 면접은 도서관이 아닌 회의실 118호에서 진행됩니다. 다른 질문 있으십니까?

Question 10

Q. 변호사직에 지원한 지원자들과의 인터뷰에 대해 자세히 말씀해 주시겠습니까?

Model Answer

Sure. There are two applicants who applied for attorney position. First, at 2:30 PM, there will be an interview with Michael Alvarez who applied for attorney position, and he's working at Peter and Julie. Also, you will interview Roberts Gregory at 3:30 PM. And his current law firm is Anna and Chris. I hope you got all the information you need. Thank you, bye.

네. 변호사직에 지원한 지원자가 두 명 있습니다. 먼저 오후 2시 30분에 변호사직에 지원한 Michael Alvarez 씨와 인터뷰가 있을 예정인데, 그는 Peter and Julie에서 근무하고 있습니다. 또한 오후 3시 30분에 Roberts Gregory씨를 인터뷰하실 것입니다. 그리고 현재 그가 근무하고 있는 로펌은 Anna and Chris입니다. 필요하신 모든 정보를 얻으셨기 바랍니다. 감사합니다, 안녕히 계세요.

이력서

Bianca Aimaroz

349 Kennedy St. Syrpress, NY 13108

Work Experience	
Lakeside Elementary school- Music Teacher	2019-present
New York Orchestra- Pianist	2016-2018
Education	
Newman School of the Music- Music Theory, Master	2015-2016
York University- Piano, Bachelor	2011-2015
Other Skills	
Musical Instruments- piano, flute, violin	
Language- French(fluent), German(intermediate)	

 MP3 Part4-14

Hello, I have an interview with Bianca Aimaroz in a few minutes. But I don't have a resume in front of me. I need some information from you.

Question 8

Q. Where did Ms. Aimaroz get her master's degree, and what year did she get it?

A. _____

Question 9

Q. Does Ms. Aimaroz have any work experience in the field of education?

A. _____

Question 10

Q. Can you tell me all the details about any special skills listed on Ms. Aimaroz's resume?

A. _____

_____

친절한 피드백

Bianca Aimaroz	
349번지 Kennedy길 St. Syrpress, 뉴욕주 13108	
직무 경험	
Lakeside 초등학교- 음악 선생님	2019-현재
New York 오케스트라- 피아니스트	2016-2018
교육	
Newman School of the Music- 음악 이론, 석사	2015-2016
York 대학교- 피아노, 학사	2011-2015
기타 특기사항	
악기- 피아노, 플룻, 바이올린	
Language- 프랑스어(유창함), 독일어(중급)	

< **Magic Answer No.7** > ··

이력서에 적용되는 만능 템플릿

🔍 Case 1

"그/그녀는 [졸업년도]에 [학교]로부터 [전공]의 [학위종류] 학위를 취득했습니다."

He/she got a 학위종류 degree in 전공 from 학교 in 졸업 년도 .

🔍 Case 2

"그/그녀는 [입사 년도] 이후로 [현재직장]에서 [직책]로써 현재까지 근무해오고 있습니다."

He/she has been working at 현재직장 as 직책 since 입사 년도 .

🔍 Case 3

"그/그녀는 [입사 년도]부터 [퇴사년도]까지 [과거직장]에서 [직책]로써 근무 했습니다."

He/she worked at 과거직장 as 직책 from 입사 년도 to 퇴사 년도 .

🔍 Case 4

"그/그녀는 특별한 [특기사항]이 있습니다."

He/She has a special skill in 특기사항 .

안녕하세요, 저는 Bianca Aimaroz 씨와 잠시 후에 인터뷰가 있습니다. 그런데 제 앞에 이력서가 없습니다. 당신으로부터 정보가 필요합니다.

Question 8

Q. Aimaroz 씨는 석사 학위를 어디서 받았으며 몇 년도에 받았습니까?

Model Answer

Hello, sir. She got a master's degree in music theory from the Newman School of the Music in 2016. Any other questions?

안녕하십니까. 그녀는 Newman 음악 학교에서 2016년에 음악 이론 석사 학위를 받았습니다. 다른 문의 있으십니까?

Question 9

Q. Aimaroz 씨는 교육 분야에서 일한 경험이 있습니까?

Model Answer

Sure. She has been working as a music teacher at Lakeside Elementary school since 2019. So don't have to worry about it. Anything else?

물론입니다. 그녀는 2019년부터 Lakeside 초등학교에서 음악 선생님으로 일하고 있습니다. 그러니 걱정하지 않으셔도 됩니다. 또 다른 질문 있으십니까?

Question 10

Q. Aimaroz 씨의 이력서에 기재된 특별한 기술에 대한 모든 세부사항에 대해 말씀해 주시겠습니까?

Model Answer

Sure. She has some special skills in musical instruments. She can play the piano, flute and violin. She also has some language skills. She is fluent in French, and intermediate level in German. I hope you got all the information you need. Thank you, bye.

물론입니다. 그녀는 악기에 몇 가지 특별한 기술을 가지고있습니다. 그녀는 피아노, 플루트, 바이올린을 연주 할 수 있습니다. 그녀는 또한 몇 가지 언어 능력을 가지고 있습니다. 그녀는 프랑스어가 유창하고, 독일어 중간 수준 입니다. 원하시는 모든 정보 얻으셨기 바랍니다. 감사합니다, 안녕히 계세요.

관광/프로그램 일정

East Mount City Tour			
March through November			
Saturdays and Sundays			
tour	type	duration	starting time
Historic Site	walking	3 hours	9:30 AM, 1:30 PM
Exhibition & Performance	bus	4 hours	12:00 PM
Central Park	walking	1 hour	10:00 AM
City Center	walking	3 hours	10:00 AM, 1:30 PM
Harbor & Coastline	bus	1 hour	9:00 AM, 1:00 PM
Night City View	bus	3 hours	7:00 PM

▶ MP3 Part4-15

Hi, my name is Patrick. I'm planning a trip, so I need some more information about your city tours.

Question 8

Q. During what months are the tours offered, and on what days?

A. _____

Question 9

Q. I've heard that your historic sites are good. The historic attraction tour is a bus tour. Right?

A. _____

Question 10

Q. I prefer the tours that aren't too long. Can you give me all the details of any tours that are less than 2 hours in duration?

A. _____

_____

East Mount 씨티 투어
3월부터 11월까지
토요일과 일요일

투어	종류	걸리는 시간	시작 시간
사적지	도보	3시간	9:30 AM, 1:30 PM
전시 & 공연	버스	4시간	12:00 PM
센트럴파크	도보	1시간	10:00 AM
도시 중심	도보	3시간	10:00 AM, 1:30 PM
항구 & 해안가	버스	1시간	9:00 AM, 1:00 PM
야경	버스	3시간	7:00 PM

안녕하세요, 저는 Carlos입니다. 저는 여행을 계획 중인데, 도시 투어에 관해 정보가 조금 더 필요합니다.

Question 8

Q. 투어는 어느 달, 무슨 요일에 제공됩니까?

Model Answer

Hello sir, the tours are offered during March through November on Saturdays and Sundays. Any other questions?

안녕하십니까. 투어는 3월부터 11월까지 토요일과 일요일에 제공됩니다. 질문 있으십니까?

Question 9

Q. 사적지가 좋다고 들었습니다. 사적지 투어는 버스 투어가 맞습니까?

Model Answer

I'm sorry but you've got the wrong information. Actually, the historic site tour is a walking tour, and it takes three hours. Anything else?

죄송하지만 잘못된 정보입니다. 사적지 투어는 도보 투어이고, 3시간이 걸립니다. 다른 질문 있으십니까?

Question 10

Q. 저는 너무 길지 않은 투어를 선호합니다. 2시간 미만 투어의 모든 세부사항을 알려주시겠습니까?

Model Answer

Sure. There are two types of tours that are less than 2 hours. First, there will be a Central Park tour which is a walking tour. It takes one hour, and it starts at 10 AM. Also, you can enjoy Harbor and Coastline tour taking the bus. It also takes one hour, and the starting time is 9 AM and 1 PM. I hope you got all the information you need. Thank you, bye.
물론입니다. 2시간 이내 투어는 2 종류입니다. 먼저, 센트럴파크 투어가 있는데, 그 투어는 도보 투어입니다. 한 시간 정도 걸리고 오전 10시에 시작합니다. 또한, 버스를 타고 항구와 해안가 투어를 즐길 수 있습니다. 이것 또한 한 시간이 소요 되며, 시작 시간은 오전 9시와 오후 1시입니다. 필요하신 정보를 모두 얻으셨기 바랍니다. 감사합니다, 안녕히 계세요.

경기일정

Powell Baseball Stadium
Springfield Tigers September Home Schedule

Date	Time	Opponent	Note
September 4	4:00 PM	Bristol Eagles	
September 5	7:00 PM	Fairview Hauk's	buy 2 tickets get 1 free
September 11	3:00 PM	Rainbow Socks	
September 17	8:00 PM	Franklin Brats	firework after the game
September 20	2:00 PM	Greenville Stars	1dollar hotdog and soda
September 24	4:00 PM	Cleveland Lions	
September 28	3:00 PM	Elburn Pirates	kids get free cap

▶ MP3 Part4-16

Hi I'm calling because I'd like some information about the upcoming home baseball games for the Springfield Huskies.

Question 8

Q. What's the date of the first game in September and who is the opponent?

A. _____

Question 9

Q. I remember hearing that kids can get a free hat at one of the games. That game is also at the beginning of the month, right?

A. _____

Question 10

Q. Evening games work best with my schedule. Can you please give me all the information you have about any games that start after 5:00 PM?

A. _____

_____

Powell 야구 경기장 Springfield Tigers 9월 홈 경기 일정표			
날짜	시간	상대	비고
9월 4일	4:00 PM	Bristol Eagles	
9월 5일	7:00 PM	Fairview Hauk's	티켓 2개 구매 시 1개 무료
9월 11일	3:00 PM	Rainbow Socks	
9월 17일	8:00 PM	Franklin Brats	경기 후 불꽃놀이가 있음
9월 20일	2:00 PM	Greenville Stars	핫도그와 탄산음료 1불
9월 24일	4:00 PM	Cleveland Lions	
9월 28일	3:00 PM	Elburn Pirates	아이들에게 무료 모자 증정

안녕하세요. 곧 있을 Springfield Tigers의 홈 경기에 대한 정보를 알고 싶어서 전화 드렸습니다.

Question 8

Q. 9월 첫 경기 날짜와 상대는 누구입니까?

Model Answer

Hello sir, the first game will take place at 4 PM on September 4th. And the opponent is Bristol Eagles. Any other questions?

안녕하십니까, 9첫 경기는 9월 4일 오후 4시에 열립니다. 그리고 상대는 Bristol Eagles 입니다. 다른 질문 있으십니까?

Question 9

Q. 저는 아이들이 이중 한 경기에서 무료로 모자를 얻을 수 있다는 말을 들은 기억이 납니다. 그 게임도 월초에 하는 것이 맞습니까?

Model Answer

I'm sorry but you've got the wrong information. It is the game with Elburn Pirates, and it is scheduled on September 28th, the end of the month. Anything else?

죄송하지만 고객님께서는 잘못된 정보를 알고 계십니다. 해당 경기는 Elburn Pirates와의 경기이며, 월말인 9월 28일에 예정되어 있습니다. 또 다른 질문 있으십니까?

Question 10

Q. 저녁 시합이 제 스케줄과 가장 잘 맞습니다. 오후 5시 이후에 시작하는 경기에 대한 모든 정보를 알려주시겠습니까?

Model Answer

Sure. There are two games that start after 5 PM. First, On September 5th, at 7PM, there will be a game with Fairview Hauk's. If you buy 2 tickets for the game, and you'll get 1 free. Also, you can attend the game with Franklin Brats at 8PM, on the 17th. You can enjoy firework after the game. I hope you have all the information that you need. Thank you. Bye.

물론입니다. 5시 이후에 시작하는 경기에는 두 개가 있습니다. 먼저 9월 5일 저녁 7시에 Fairview Hauk's와의 경기가 있습니다. 경기 티켓 2장을 구매하시면 1장을 무료로 드립니다. 또한 17일 저녁 8시에 Franklin Brats와의 경기에도 참석할 수 있습니다. 해당 경기 후에 불꽃놀이를 즐길 수 있습니다. 필요한 모든 정보를 얻으셨기를 바랍니다. 감사합니다. 안녕히계세요.

TOEIC Speaking

Questions 8-10: Respond to questions using information provided

Directions: In this part of the test, you will answer three questions based on the information provided. You will have 45 seconds to read the information before the questions begin. You will have three seconds to prepare after you hear each question. You will have 15 seconds to respond to Questions 8 and 9 and 30 seconds to respond to Question 10.

TOEIC Speaking — **Question 8-10 of 11**

International Swim Coaches' Conference
Conference Room A, Golden Hotel

Friday, June 21	
8:00AM-8:30AM	Guest Speaker: Bentley Wilson, international freestyle champion
8:30AM-10:00AM	Nutrition and Physical Fitness
1:00PM-noon	Safety in the Water
noon-2:00PM	Working with Different Career Groups
Saturday, June 22	
8:00AM-8:30AM	Guest Speaker: Peter White, a coach of award winner
8:30AM-10:00AM	Top Competitive Swimming Gear
1:00PM-noon	Training for Peak Performance

PREPARATION TIME
00:00:45

PREPARATION TIME	PREPARATION TIME	PREPARATION TIME
00:00:03	00:00:03	00:00:03
PREPARATION TIME	PREPARATION TIME	PREPARATION TIME
00:00:15	00:00:15	00:00:30

TOEIC Speaking

Questions 8-10: Respond to questions using information provided

Directions: In this part of the test, you will answer three questions based on the information provided. You will have 45 seconds to read the information before the questions begin. You will have three seconds to prepare after you hear each question. You will have 15 seconds to respond to Questions 8 and 9 and 30 seconds to respond to Question 10.

TOEIC Speaking   Question 8-10 of 11

Planet Telecommunication Company
Quarterly Executive Meeting
September 28
Main Conference Room

8:00 AM-8:30 AM	breakfast (provided in Juliet's café)	
8:30 AM-9:00 AM	New Hiring Process	Milani Garcia, human resources
9:00 AM-9:45 AM	public announcement: Upcoming News - Time Changes - Early Internal Changes	Mel Grant, corporate development
9:45 AM-10:00 AM	break period	
10:00 AM-10:30 AM	presentation: Customer Service Result -Improving Service Quality -Potential for New Products	Lisa park, customer relations
10:30 AM-11:00 AM	closing announcement: Agenda of Next Meeting	Peter Laurence, CEO

PREPARATION TIME
00:00:45

PREPARATION TIME	PREPARATION TIME	PREPARATION TIME
00:00:03	00:00:03	00:00:03
PREPARATION TIME	PREPARATION TIME	PREPARATION TIME
00:00:15	00:00:15	00:00:30

국제 수영 코치 회의	
Golden 호텔 A 회의실	
6월 21일 금요일	
오전 8:00-오전 8:30	초청연사: Bentley Wilson, 국제 프리스타일 챔피언
오전 8:30-오전 10:00	영양과 체력단련
오후 1:00-정오	수상 안전
정오-오후 2:00	서로 다른 경력의 선수 그룹과 훈련하기
6월 22일 토요일	
오전 8:00-오전 8:30	초청연사: Peter White, 수상자 코치
오전 8:30-오전 10:00	최고 성능의 수영 장비
오전 1:00PM-정오	최고의 성과를 위한 훈련

Hi. I'm attending the International swim coaches' conference, but I don't have my schedule in front of me. I'd like you to answer some of the questions.

안녕하세요. 국제 수영 코치 회의에 참석하고 있는데, 제 앞에 스케줄이 없습니다. 몇 가지 질문에 대답해 주셨으면 합니다.

Q8. What is the last session on the 2nd day of the conference?

회의 둘째 날 마지막 세션은 무엇인가요?

Model Answer

Hello sir. The last session on the second day of the conference is a training for peak performance from 1:00 PM to noon. Any other questions?

안녕하세요. 컨퍼런스 둘째 날 마지막 세션은 오후 1시부터 정오까지 최고의 성과를 위한 훈련입니다. 다른 질문 있으십니까?

Q9. I heard that the session on Safety in the Water is scheduled for Saturday June 22nd. Can you confirm that Saturday is the day of the session on Safety in the Water?

6월 22일 토요일에 수상 안전 관련 세션이 예정되어 있다고 들었습니다. 토요일이 수상 안전에 관한 세션의 날이라는 것을 확인해 주실 수 있나요?

Model Answer

I'm sorry but you've got the wrong information. Actually, the session about Safety in the Water will be held on Friday June 21st, the first day of the conference. Anything else?

죄송하지만 잘못된 정보를 가지고 계십니다. 사실, 수상 안전에 대한 세션은 회의 첫날인 6월 21일 금요일에 열릴 예정입니다. 또 다른 질문 있으십니까?

Q10. My favorite part of the conferences has always been sessions by the guest speakers. Can you give me all the details of the sessions led by guest speakers?

제가 가장 좋아하는 회의 부분은 항상 초청 연사의 세션이었어요. 초청 연사가 진행하는 세션에 대한 자세한 내용을 알려주실 수 있나요?

Model Answer

Sure. There are two sessions led by guest speakers. First, on the first day, Friday June 21st, there will be a session given by a guest speaker Bentley Wilson, the international freestyle champion from 8:00 AM to 8:30 AM. Also, on the second day from 8:00 AM to 8:30 AM, you will participate in the session led by another guest speaker Peter White, a coach of award winner. I hope you have all the information you need. Thank you, bye.

물론이죠. 초청 연사가 진행하는 세션은 두 가지입니다. 우선 첫째 날인 6월 21일 금요일 오전 8시부터 8시 30분까지 국제 프리스타일 챔피언인 Bentley Wilson 초청 연사가 진행하는 세션이 있습니다. 또한 둘째 날 오전 8시부터 오전 8시 30분에 다른 초청 연사인 수상자 코치 Peter White가 진행하는 세션에 참여할 것입니다. 원하시는 모든 정보 얻으셨기 바랍니다. 감사합니다, 안녕히 계세요.

Planet 통신회사 분기별 임원 회의 9월28일 메인 회의실		
오전 8:00-오전 8:30	아침식사 (Juliet 카페에서 제공)	
오전 8:30-오전 9:00	새로운 채용 절차	Milani Garcia, 인사부
오전 9:00-오전 9:45	공개 발표: 예정된 뉴스 - 기간 변경 - 초기 내부 변경사항	Mel Grant, 기업개발부
오전 9:45- 오전 10:00	휴식시간	
오전10:00 -오전 10:30	프레젠테이션: 고객 서비스 결과 -서비스 품질 향상 -신제품의 잠재력	Lisa park, 고객관리부
오전 10:30 - 오전 11:00	폐회발표: 다음 분기 회의의 안건Meeting	Peter Laurence, 최고경영자

Hi this is Chen Lee. I'm calling because I want to prepare for the upcoming executives meeting, but I can't find my schedule. I'm hoping you can answer some questions about it.

안녕하세요 Chen Lee입니다. 곧 있을 임원회의를 준비하고 싶어서 전화했는데, 저의 일정표를 찾을 수 없어요. 저는 그것에 대한 몇 가지 질문에 대답해 주셨으면 합니다.

Q8. What's the date of the meeting, and where will it be held?

회의 날짜와 장소는 언제 입니까?

Model Answer

Hello sir, The meeting will be held on September 28th in the main conference room. Any other questions?

안녕하세요 선생님, 회의는 9월 28일 메인회의실에서 열립니다. 다른 질문 있으십니까?

Q9. It's difficult for me to arrive to these meetings by 8 o'clock. If I don't get there until 8:30, what discussion topic will I miss?

저는 8시까지 이 회의에 도착하는 것이 어렵습니다. 8시 반까지 가지 못하면 어떤 토론 주제를 놓치게 됩니까?

Model Answer

Actually, you won't miss any discussion topics because you are just supposed to have breakfast from 8:00 AM to 8:30 AM. So, you don't have to worry about it. Anything else?

사실, 오전 8시부터 8시 30분까지 줄리엣의 카페에서 아침식사를 하기로 되어 있기 때문에 어떤 토론 주제도 놓치지 않을 것입니다. 걱정하실 필요 없습니다. 또 다른 질문 있으세요?

Q10. I'm really looking forward to hearing about the Customer Service Results. Could you please tell me all the details about that presentation?

고객 서비스 결과가 어떻게 나올지 정말 기대됩니다. 그 발표에 대한 자세한 내용을 알려주시겠습니까?

Model Answer

Sure. From 10 to 10:30 AM, there will be a presentation about Customer Service Result given by Lisa Park from customer relations. It's about Improving Service Quality and Potential for New Products. I hope you've got all the information you need. Thank you, bye.

물론입니다. 오전 10시부터 10시 30분까지 고객 관리부에의 Lisa Park 가 진행하는 고객 서비스 결과에 대한 발표가 있습니다. 이 발표는 서비스 품질, 그리고 신제품의 잠재력을 향상시키는 것에 관한 내용입니다. 필요한 모든 정보를 얻으셨기 바랍니다. 감사합니다. 안녕히 계세요.

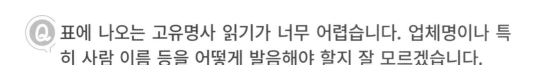

Q 표에 나오는 고유명사 읽기가 너무 어렵습니다. 업체명이나 특히 사람 이름 등을 어떻게 발음해야 할지 잘 모르겠습니다.

A 너무 일반적인 고유명사들을 제외하고는 고유명사 읽을 때는 정답이 없습니다. 철자 그대로 읽어주세요. 철자와 너무 거리가 먼 발음이 아니면 큰 감점 요인이 되지 않습니다.

Q 답변을 다 하면 항상 시간이 조금씩 남던데 감점이 있나요?

A 아니요, 파트4는 답변 내용이 정해져 있기 때문에 시간이 남아도 감점이 없습니다. 편하게 남겨두세요.

교재에서 다루지 않은 특이한 유형의 표도 자주 출제되나요?

통상 대부분의 시험에서 행사일정표가 출제됩니다. 간혹 주문서, 택배 송장, 예약 현황 등 평소 자주 접해보지 못한 유형들이 출제되기는 합니다만 이런 특수한 표의 경우에는 문제 난이도가 매우 쉬운 편이므로 바로 답변 가능한 수준으로 출제될 것입니다. 너무 걱정하지 않아도 될 것 같습니다.

Part 5.

Express an Opinion

3단 논리로 설득력 있게

Directions: In this part of the test, you will give your opinion about a specific topic. Be sure to say as much as you can in the time allowed. You will have 45 seconds to prepare. Then you will have 60 seconds to speak.

파트 5

의견 말하기

디렉션: 이번 파트에서는 특정한 주제에 관해 여러분의 의견을 제시하게 됩니다. 반드시 정해진 시간 안에 가능한 한 최대한 많은 말을 해야 합니다. 준비시간은 45초가 주어지며 60초간 답변 하게 됩니다.

Part5 미리보기

① Part 5 문항구성

Part 5는 특정 주제에 관한 의견을 말하는 파트입니다.
Q11 한 문항만 출제되며 준비시간은 30초, 답변시간은 60초가 주어집니다.

TOEIC Speaking　　　　　　**11 of 11**

Do you agree or disagree with the following statement?
A company must support education of children of its employees.
Give reasons or examples to support your opinion.

PREPARATION TIME	RESPONSE TIME
00:00:45	00:01:00

② Part 5 개요

문제번호	문제유형	답변 준비시간	답변시간	평가기준	채점용 점수
Question11	Express an Opinion 의견 제시하기	45초	60초	발음, 억양과 강세 문법, 어휘, 일관성 내용의 관련성 내용의 완성도	0-5점

③ Part 5 평가기준

배점	평가기준
5점	응답이 수험자의 선택이나 의견을 명확하게 나타내고 있으며 쉽게 알아들을 수 있고 일관적이며 조리 있다. 응답은 다음과 같은 특징들을 모두 지니고 있다. - 수험자의 선택이나 의견이 이유, 상세한 부연설명, 실제적 예시를 통해 뒷받침되고 있고 주제와의 관계가 명확하다. - 일반적으로 말이 명료하고 속도가 적절하다. - 발음이나 억양에 사소한 실수가 있을 수 있으나 전체적으로 말을 알아듣는 데에는 지장이 없다. - 기본 구문과 복합 구문을 적절하게 잘 사용한다. 약간의 사소한 실수가 눈에 띌 수 있지만 의미를 훼손하는 것은 아니다. - 작은 실수가 있지만 어휘를 효과적으로 잘 사용한다.
4점	응답이 수험자의 선택이나 의견을 명확하게 나타내고 있으며 그에 대한 이유를 적절하게 뒷받침하고 전개시키고 있다. - 응답 내용이 수험자의 선택이나 의견을 나타내고 있으나 내용을 잘 전개하지 못할 수도 있다. 약간의 실수가 있으나 응답 내용과 주제와의 관계가 대체로 명확하다. - 발음, 억양, 속도 면에서 부족한 점이 눈에 띄고 전반적으로 듣는 데 큰 지장은 없지만 듣는 이의 노력을 요한다. - 답변에서 굉장히 자연스럽고 효과적인 문법의 사용을 엿볼 수 있으나 구문의 사용이 다양하지 못하다. - 어휘의 시용은 굉장히 효과적이다. 몇몇 어휘는 부적절하거나 부정확할 수 있다.
3점	응답이 선택, 선호, 또는 의견을 나타내지만, 그에 대한 뒷받침과 내용의 전개가 제한적이다. - 선택, 선호, 또는 의견이 나타나 있고적어도 한 개 이상의 이유로 뒷받침돼 있다 그러나 그 이유에 대한 부연 설명이 거의 또는 전혀 없으며, 새로운 정보를 제시하지 않은 채 주장을 반복하며 응답 자체가 모호하거나 불명확하다. - 말은 기본적으로 이해할 수 있으나 모호한 발음, 어색한 억양, 고르지 못한 리듬속도 때문에 듣는 이의 노력을 요한다. - 문법 실력이 부족하여 수험자는 기본 구문만 제대로 말할 수 있다. - 사용하는 어휘의 폭이 좁다.
2점	응답이 질문에 대한 관련 있는 선택 , 선호, 또는 의견을 나타내지만 그에 대한 뒷받침이 빠져 있거나 알아듣기 힘들고 일관성이 없다. - 발음, 강세 및 억양 상의 지속적인 어려움 때문에 알아듣기 매우 어렵다 말이 고르지 못하고 단편적이며 전보문처럼 따로 놀고 긴 침묵과 잦은 머뭇거림도 보인다. - 문법 실력이 크게 부족해 생각을 잘 표현하지 못하고 생각들 간의 상호 관련성도 모호하다. - 어휘력이 크게 부족하거나 같은 어휘를 심하게 반복해서 쓴다.
1점	- 응답이 질문이나 지시문을 그대로 따라 읽는데 그친다. - 응답이 과제가 요구하는 자신의 선택, 선호, 또는 의견을 제시하지 못한다. - 응답이 서로 따로 노는 단어나 구 또는 모국어와 영어가 합성된 표현으로 이루어져 있다.
0점	무응답이거나 답변과 문제 간의 연관성이 전혀 없다.

④ 점수대별 답변 들어 보기

IM3 130  MP3 Part5-01

AL 160 MP3 Part5-02

AH 200  MP3 Part5-03

파트5 고득점 요령

첫째, 가장 쉽게 풀어나갈 수 있는 답변을 선택하자.

평상시에 내가 생각하고 있는 그대로, 또는 미리 준비하고 암기했던 것과 가장 비슷한 성격의 답변을 선택해야 답변에 막힘이 없게 된다.

둘째, 모든 단어와 문장들을 최대한 명확하게 발음하자.

답변시 시간에 쫓기며 말하다보면 말을 너무 빠르게 하거나 알아듣지 못하게 될때가 많다. 천천히 침착하게 상대방이 내 말을 잘 알아 들을 수 있도록 또박또박 발음해 나의 생각과 의도가 충분히 전달될 수 있도록 한다.

셋째, 반드시 내 의견 뒤에는 근거와 예시를 제시하자.

Part5는 나의 영어 능력 뿐만 아니라 논리력과 사고력까지 함께 평가 받는 파트이다. 반드시 근거와 예시를 들어 내 의견을 더 확실하고 설득력 있게 표현해 주도록 한다.

Part 5 기본에 충실하기

1 답변 순서를 지키자

Part5 에서는 단순히 영어만 잘 한다고 고득점을 할 수 있는 것은 아닙니다. 답변 순서를 지켜서 논리 정연하게 말해야 설득력 있는 답변이 완성될 수 있습니다. 다음 문제와 논리 전개 순서를 잘 살펴보세요.

■ 논리적인 답변 전개 순서

1. 주제문 말하기
- I agree (disagree)...
- I think...
- I prefer...

2. 이유 말하기
- because..
- most of all, ...

3. 예시들기
- For example,...
- For instance...

4. 결론 말하기
- That's why...
- That's what....

2 출제 의도를 정확하게 파악하고 올바른 이유를 제시하자

파트5에서 설득력 있는 답변을 하기 위해서는 출제의도를 정확하게 파악하고 논리적인 근거를 제시해 내 의견을 뒷받침해야 합니다. 다음 문제를 읽어보고 논리적인 이유를 제시해보세요.

Do you agree or disagree with the following statement?
A company must support education of children of its employees.
다음 의견에 찬성합니까, 반대합니까? 회사는 직원들의 자녀 교육비를 지원해야 한다.

주제문 말하기

I agree that company must support education of children of its employees,
저는 회사가 직원들의 지녀 교육을 지원해야 한다는 것에 동의합니다.

이유 제시하기

because it helps the employees work harder. It can improve work efficiency and productivity.
왜냐하면 그것은 직원들로 하여금 더 열심히 일할 수 있도록 해주며 업무 효율과 생산성을 향상시킬 수 있기 때문입니다.

 Jasmine's tip

★ 영어문장에서는 주어 또는 의미상 주어가 문제의 핵심인 경우가 많으므로 항상 주어로 쓰인 단어를 잘 살펴야 출제 의도를 정확하게 파악할 수 있다.
Ex) company(회사의 존재 목적) = work(일)+profit (매출)
직원 자녀의 교육비를 제공하는 목적 역시 업무의 효율을 높여 매출을 상승 시키는 것이 주요 목적임

2

Which of the following types of subject do you think is most important to students, why?

[physical education / science / history]

다음 중 학생들에게 가장 중요하다고 생각하는 과목은 무엇이고, 그 이유는 무엇입니까?

[체육 / 과학 / 역사]

주제문 말하기

I think physical education is the most most important to students.

저는 체육이 학생들에게 가장 중요하다고 생각합니다.

이유 제시하기

because it helps them stay healthy, and it can improve learning efficiency.

왜냐하면 체육은 학생들이 건강하도록 도움을 주고 그것은 학습 능률을 향상시킬 수 있기 때문입니다.

 Jasmine's tip

★ 학생은 공부를 하는 사람들을 의미하므로 학습능률을 높이는게 궁극적 목적이 됨

학습능률- learning efficiency

■ 다음 문제의 출제 의도를 잘 파악하고 논리적인 답변을 만들어 보세요.

1. What do you think about the statement?

   It is important for a manger to have motivation skills to be a successful leader.

   다음 의견에 대해 어떻게 생각하십니까?

   매니저는 훌륭한 리더가 되기 위하여 동기부여 기술을 가져야 한다.

   ┌───┐
   │ 주제문과 이유 말하기   │
   │   │
   │   │
   │   │
   │   │
   │   │
   └───┘

2. If a school took its students to a day trip, which do you think would be more beneficial, attending a musical performance, or visiting a history museum? Why?

   만약 학교에서 학생들을 데리고 견학을 간다면 음악 공연에 가는것과 역사박물관에 방문하는 것 중 어떤 것이 더 유익하다고 생각합니까?

   ┌───┐
   │ 주제문과 이유 말하기   │
   │   │
   │   │
   │   │
   │   │
   │   │
   └───┘

Model Answer

1. I think it is important for a manger to have motivation skills to be a successful leader because it helps employees work harder, and it can improve work efficiency and productivity.

   저는 매니저가 훌륭한 리더가 되기 위하여 동기부여 기술을 가져야 한다고 생각합니다. 왜냐하면 왜냐하면 그것은 직원들로 하여금 더 열심히 일할 수 있도록 도움을 주며 업무 효율과 생산성을 향상시킬 수 있기 때문입니다.

2. If a school took its students to a day trip, I think attending a musical performance would be more beneficial because it helps student relieve their stress form study since they are interesting and exciting.

   만약 학교에서 학생들을 데리고 견학을 간다면 음악 공연에 가는 것이 더 유익하다고 생각합니다. 왜냐하면 음악공연은 재미있고 흥미롭기 때문에 학생들이 공부에서 받은 스트레스를 해소할 수 있도록 도움을 주고 그것은 학습 능률을 향상시킬 수 있기 때문입니다.

1

Do you agree or disagree with the following statement?
A company must support education of children of its employees.
Give reason or examples to support your opinion.

다음 의견에 찬성합니까, 반대합니까? 회사는 직원들의 자녀 교육비를 지원해야 한다. 이유 또는 예시는 들어 당신의 의견을 뒷받침하세요.

▶ MP3 Part5-04

1. 주제문 말하기

I agree that company must support education of children of its employees.
저는 회사가 직원들의 지녀 교육을 지원해야 한다는 것에 동의합니다.

2. 이유 말하기

because it helps the employees work harder. It can improve work efficiency and productivity.
왜냐하면 그것은 직원들로 하여금 더 열심히 일할 수 있도록 해주며 업무 효율과 생산성을 향상시킬 수 있기 때문입니다.

3. 예시 들기

For example, I have been working for JT company for 10 years. When I just started to work for the company, we had a serious financial crisis. So, the CEO had to do something to figure that out. Finally, he decided to support education of children of its employees. After that, the profits of the company started to increase because all the employees worked harder, and it naturally improved work efficiency. And now, it has become one of the major companies in Korea. If he didn't come up with that idea, we might not have this result today.

예를 들어, 저는 JT 회사에서 10년째 일하고 있습니다. 제가 막 회사를 다니기 시작했을 때, 저희는 심각한 재정 위기를 겪었습니다. 그래서 CEO는 그것을 해결하기 위해 무언가를 해야 했습니다. 마침내, 그는 직원 자녀들의 교육비를 지원해 주기로 결정했습니다. 그 후, 모든 직원들이 더 열심히 일했기 때문에 회사의 이익은 증가하기 시작했습니다. 그리고 그것은 업무 효율을 향상시켰습니다. 그리고 지금 저희 회사는 대한민국의 주요 기업 중 하나가 되었습니다. 만약 그가 그런 생각을 하지 않았다면, 우리는 오늘날 이런 결과를 얻지 못했을지도 모릅니다.

4. 결론 말하기

That's why I agree with the statement.
그래서 저는 이 의견에 동의합니다.

2

Which of the following types of subject do you think is most important to students, why? Give reason or examples to support your opinion.

[physical education / science / history]

다음 중 학생들에게 가장 중요하다고 생각하는 과목은 무엇이고, 그 이유는 무엇입니까? 아래에 제공된 옵션 중 하나를 선택하고 여러분의 의견을 뒷받침할 구체적인 이유나 예를 제시하세요.

[체육 / 과학 / 역사]

 MP3 Part5-05

1. 주제문 말하기

I think physical education is the most important to students,

저는 체육이 학생들에게 가장 중요하다고 생각합니다.

2. 이유 말하기

because it helps them stay healthy, and it can improve learning efficiency.

왜냐하면 체육은 학생들이 건강하도록 도움을 주고 그것은 학습 능률을 향상시킬 수 있기 때문입니다.

3. 예시 들기

For example, when I was in high school, my school always pushed the students to study only academic subjects such as science and history. So the students got a lot of stress, and the scores were getting lower and lower. So the principal had to do something to figure that out. Finally, he decided to provide Physical Education once a week. After that, the students started to study hard because they became healthy, and it naturally improved learning efficiency. And now, it has become one of the most prestigious schools in Korea. If he didn't come up with that idea, we might not have this result today. That's what I think.

예를 들어, 제가 고등학교에 다닐 때, 저희 학교는 항상 학생들에게 과학이나 역사 같은 학술적인 과목만 공부하도록 강요했습니다. 학생들은 많은 스트레스를 받았고 점수는 점점 낮아지고 있었습니다. 그래서 교장선생님이 이것을 해결하기 위해 뭔가 조치를 취해야 했습니다. 마침내, 그는 일주일에 한번씩 체육과목을 제공하기로 결심했습니다. 그 후 학생들은 건강 해졌고 그것은 자연스럽게 학습 능률을 향상시켰습니다. 그리고 지금 제가 다녔던 학교는 대한민국에서 가장 명문 학교 중 하나가 되었습니다. 만약 그가 그런 생각을 하지 않았다면, 저희는 오늘날 이런 결과를 얻지 못했을지도 모릅니다. 이것이 제 생각입니다.

4. 결론 말하기

That's what I think.

이게 저의 의견입니다.

자스민의 파트5 초치기비법

자주 사용되는 예시 템플릿 암기해 두기

< Magic Answer No.8 >

회사, 업무 관련 예시에 적용되는 만능 템플릿

For example, I have been working for JT company for 10 years. When I just started to work for the company, we had a serious financial crisis. So, the CEO had to do something to figure that out. Finally, he decided to [주제문의 동사 또는 관련 동사로 시작하는 표현 넣기]. After that, the profits of the company started to increase because [이유문장 과거시제로 바꾸어 옮기기]. And now, it has become one of the major companies in Korea. If he didn't come up with that idea, we might not have this result today.

예를 들어, 저는 JT 회사에서 10년째 일하고 있습니다. 제가 막 회사를 다니기 시작했을 때, 저희는 심각한 재정 위기를 겪었습니다. 그래서 CEO는 그것을 해결하기 위해 무언가를 해야 했습니다. 마침내, 그는 (주제문과 관련된 내용을 추가) 하기로 결정했습니다. 그 후, (앞에서 말한 동일한 이유) 때문에 회사의 이익은 증가하기 시작했고 업무 효율을 향상시켰습니다. 그리고 지금 저희 회사는 대한민국의 주요 기업 중 하나가 되었습니다. 만약 그가 그런 생각을 하지 않았다면, 우리는 오늘날 이런 결과를 얻지 못했을지도 모릅니다.

■ **위의 템플릿을 이용하여 다음 문제에 답변해 보세요.**

What do you think about the statement?
It is important for a manger to have motivation skills to be a successful leader.
Give reasons or examples to support your opinion.
다음 의견에 대해 어떻게 생각하십니까?
매니저는 훌륭한 리더가 되기 위하여 동기부여 기술을 가져야 한다.
여러분의 의견을 뒷받침할 구체적인 이유나 예시를 제시하세요.

▶ MP3 Part5-06

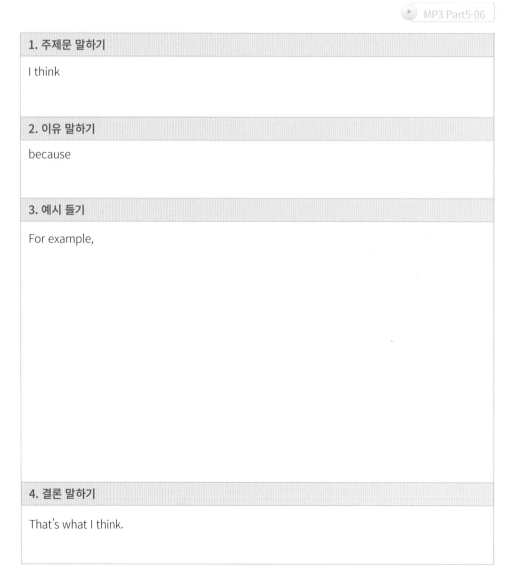

1. 주제문 말하기

I think

2. 이유 말하기

because

3. 예시 들기

For example,

4. 결론 말하기

That's what I think.

Model Answer

I think it is important for a manger to have motivation skills to be a successful leader because it helps employees work harder, and it can improve work efficiency and productivity. For example, I have been working for JT company for 10 years. When I just started to work for the company, we had a serious financial crisis. So, the CEO had to do something to figure that out. Finally, he decided to hire a new manager who had good motivation skills. After that, the profits of the company started to increase because all the employees worked harder, and it naturally improved work efficiency. And now, it has become one of the major companies in Korea. If he didn't come up with that idea, we might not have this result today.

저는 매니저가 훌륭한 리더가 되기 위하여 동기부여 기술을 가져야 한다고 생각합니다. 왜냐하면 왜냐하면 그것은 직원들로 하여금 더 열심히 일할 수 있도록 해주며 업무 효율과 생산성을 향상시킬 수 있기 때문입니다. 예를 들어, 저는 JT 회사에서 10년째 일하고 있습니다. 제가 막 회사를 다니기 시작했을 때, 저희는 심각한 재정 위기를 겪었습니다. 그래서 CEO는 그것을 해결하기 위해 무언가를 해야 했습니다. 마침내, 그는 동기부여를 잘 하는 새 매니저를 고용하기로 결정했습니다. 그 후, 모든 직원들이 더 열심히 일했기 때문에 회사의 이익은 증가하기 시작했습니다. 그리고 업무 효율을 향상시켰습니다. 그리고 지금 저희 회사는 대한민국의 주요 기업 중 하나가 되었습니다. 만약 그가 그런 생각을 하지 않았다면, 우리는 오늘날 이런 결과를 얻지 못했을지도 모릅니다.

학생, 학교, 교육 관련 예시에 적용되는 만능 템플릿

For example, when I was in high school, my school always pushed the students to study only academic subjects such as science and history. So the students got a lot of stress, and the scores were getting lower and lower. So the principal had to do something to figure that out. Finally, he decided to [주제문의 동사 또는 관련 동사로 시작하는 표현 넣기]. After that, the students started to study hard because [이유문장 과거시제로 바꾸어 옮기기] And now, it has become one of the most prestigious schools in Korea. If he didn't come up with that idea, we might not have this result today. That's what I think.

예를 들어, 제가 고등학교에 다닐 때, 저희 학교는 항상 학생들에게 과학이나 역사 같은 학술적인 과목만 공부하도록 강요했습니다. 학생들은 많은 스트레스를 받았고 점수는 점점 낮아지고 있었습니다. 그래서 교장선생님이 이것을 해결하기 위해 뭔가 조치를 취해야 했습니다. 마침내, 그는 (주제문과 관련된 내용을 추가) 하기로 결심했습니다. 그 후 (앞에서 말한 동일한 이유) 때문에 학생들이 공부를 열심히 하게 되었고 그것은 자연스럽게 학습 능률을 향상시켰습니다. 그리고 지금 제가 다녔던 학교는 대한민국에서 가장 명문학교 중 하나가 되었습니다. 만약 그가 그런 생각을 하지 않았다면, 저희는 오늘날 이런 결과를 얻지 못했을지도 모릅니다. 이것이 제 생각입니다.

■ **위의 템플릿을 이용하여 다음 문제에 답변해 보세요.**

If a school took its students to a trip, which do you think would be more beneficial, attending musical performances, or visiting a history museum? Why?
Give reason or examples to support your opinion.

만약 학교에서 학생들을 데리고 견학을 간다면 음악 공연에 가는것과 역사박물관에 방문하는 것 중 어떤 것이 더 유익하다고 생각합니까?
여러분의 의견을 뒷받침할 구체적인 이유나 예시를 제시하세요.

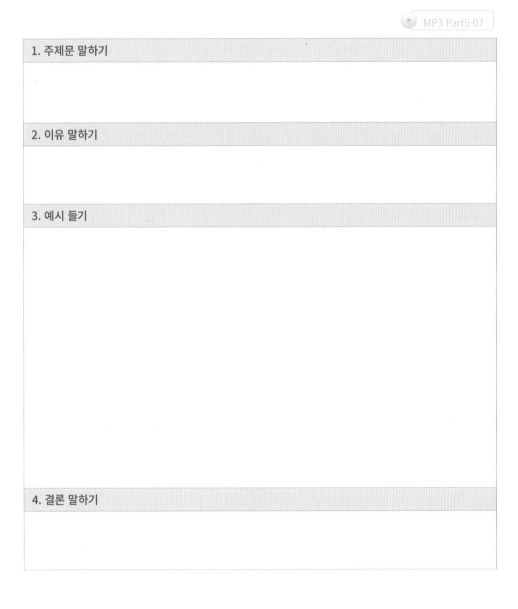

▶ MP3 Part5-07

1. 주제문 말하기

2. 이유 말하기

3. 예시 들기

4. 결론 말하기

Model Answer

If a school took its students to a trip, I think attending a musical performances would be more beneficial because it helps students relieve their stress form study, since musical performances are exciting. For example, when I was in high school, my school always pushed the students to study only academic subjects such as science and history. So the students got a lot of stress and the scores were getting lower and lower. So the principal had to do something to figure that out. Finally, he decided to take its students to a musical performance frequently. After that the students started to study hard because it was so exciting, so they relieved their stress, and naturally improved learning efficiency. And now, it has become one of the most prestigious schools in Korea. If he didn't come up with that idea, we might not have this result today. That's what I think.

만약 학교에서 학생들을 데리고 견학을 간다면 음악 공연에 가는 것이 더 유익하다고 생각합니다. 왜냐하면 음악공연은 재미있기 때문에 학생들이 공부에서 받은 스트레스를 해소할 수 있도록 도움을 주고 그것은 학습 능률을 향상시킬 수 있기 때문입니다. 예를 들어, 제가 고등학교에 다닐 때, 저희 학교는 항상 학생들에게 과학이나 역사 같은 학술적인 과목만 공부하도록 강요했습니다. 학생들은 많은 스트레스를 받았고 점수는 점점 낮아지고 있었습니다. 그래서 교장선생님이 이것을 해결하기 위해 뭔가 조치를 취해야 했습니다. 마침내, 그는 주기적으로 학생들을 음악공연에 견학을 데리고 가기로 결심했습니다. 그 후 학생들은 그 공연이 재미있었기 때문에 공부에서 받은 스트레스를 풀 수 있었고 그것은 자연스럽게 학습 능률을 향상시켰습니다. 그리고 지금 제가 다녔던 학교는 대한민국에서 가장 명문학교 중 하나가 되었습니다. 만약 그가 그런 생각을 하지 않았다면, 저희는 오늘날 이런 결과를 얻지 못했을지도 모릅니다. 이것이 제 생각입니다.

Magic Answer No.10

현재와 미래비교 예시 에 적용되는 만능 템플릿

For example, about 15 years ago, we didn't have smartphones. At that time, the only way to [주제문 관련 동사표현] was to sit down in front of a computer and connect to a website. [그래서 불편했던 점]. These days, however, we can [주제문 관련 동사표현] by using a smartphone anywhere anytime. It is very convenient and comfortable. So I think more and more people will [주제문 관련 동사표현].

예를 들어, 15년쯤 전에는 스마트폰이 없었습니다. 당시 (주제문과 관련된 내용을 추가)할 수 있는 유일한 방법은 컴퓨터 앞에 앉아 웹사이트에 접속하는 것이었습니다. (그래서 불편했던 내용을 한 문장으로) 하지만 요즘은, 언제 어디서나 스마트폰을 사용하여 온라인으로 (주제문과 관련된 문장을 추가) 할 수 있습니다. 그것은 매우 편리하고 편안합니다. 그래서 저는 점점 더 많은 사람들이(주제문과 관련된 문장을 추가) 할 것이라고 생각합니다.

■ **위의 템플릿을 이용하여 다음 문제에 답변해 보세요.**

Do you agree or disagree with the following statement?
In the future, buying clothes online will be more popular than buying clothes at the stores.
Give reason or examples to support your opinion.

당신은 다음 문장에 동의합니까, 혹은 동의하지 않습니까?
미래에는 온라인에서 옷을 사는 것이 매장에서 옷을 사는 것보다 더 인기가 있을 것입니다.
여러분의 의견을 뒷받침할 구체적인 이유나 예시를 제시하세요.

▶ MP3 Part5-08

1. 주제문 말하기

2. 이유 말하기

3. 예시 들기

4. 결론 말하기

Model Answer

I agree that in the future, buying clothes online will be more popular than buying clothes at the store. Due to the advance of Internet technology, people will have much more opportunities to purchase clothes online. Also, it is more comfortable and convenient than going to offline stores. For example, about 10 years ago, we didn't have smartphones. At that time, the only way to buy clothes online was to sit down in front of a computer and connect to a website. Otherwise, we went to stores to purchase clothes. These days, however, we can buy clothes online by using a smartphone anywhere anytime. It is very convenient and comfortable. So I think more and more people will buy clothes online than going to the stores. That's why I agree with the statement.

저는 앞으로 온라인에서 옷을 사는 것이 매장에서 옷을 사는 것보다 더 인기가 있을 것이라는 데 동의합니다. 인터넷 기술의 발전으로, 사람들은 온라인에서 옷을 살 수 있는 기회가 훨씬 더 많아질 것입니다. 또한 오프라인 매장에 가는 것보다 편하고 편리합니다. 예를 들어, 15년 전에는 스마트폰이 없었습니다. 당시 온라인에서 옷을 살 수 있는 유일한 방법은 컴퓨터 앞에 앉아 웹사이트에 접속하는 것이었습니다. 그렇지 않으면, 우리는 옷을 사러 매장에 가야 했습니다. 하지만 요즘은, 언제 어디서나 스마트폰을 사용하여 온라인으로 옷을 살 수 있습니다. 그것은 매우 편리하고 편안합니다. 그래서 저는 점점 더 많은 사람들이 매장에 가는 것보다 온라인으로 옷을 살 것이라고 생각합니다. 이것이 제가 위 의견에 동의하는 이유입니다.

Magic Answer No.11

환경문제 관련 예시에 적용되는 만능 템플릿

For example, I have been living in Seoul for 10 years. When I just moved to the city, we had a serious air pollution. So the city government had to do something to figure that out. Finally, the city government decided to [주제문의 동사 또는 관련 동사로 시작하는 표현 넣기]. After that, the city started to get cleaner and cleaner because [이유문장 과거시제로 바꾸어 옮기기]. And now, it has become one of the cleanest cities in the world. If they didn't come up with that idea, we might not have this result today.

예를 들어, 저는 서울에서 10년 동안 살고 있습니다. 제가 도시로 이사 왔을 때, 우리는 심각한 대기 오염을 겪었습니다. 그래서 시 정부는 그것을 해결하기 위해 무언가를 해야 했습니다. 마침내 시 정부는 (주제문과 관련된 내용을 추가) 하기로 결정했습니다. 그 후, 우리 도시는 (앞에서 말한 동일한 이유) 때문에 더욱더 깨끗해지기 시작했습니다. 그리고 이제 이곳은 세계에서 가장 깨끗한 도시 중 하나가 되었습니다. 만약 그들이 그런 생각을 하지 않았다면, 오늘날 우리는 이런 결과를 얻지 못했을지도 모릅니다.

■ **위의 템플릿을 이용하여 다음 문제에 답변해 보세요.**

Do you agree or disagree with the following statement?
City must use environmentally friendly vehicles for public transportation even if citizens might have to pay higher fare.
Give reasons or examples to support your opinion.

당신은 다음 의견에 동의합니까 아니면 동의하지 않습니까?
비록 시민들이 더 높은 요금을 지불해야 할 지라도 도시는 친환경 차량을 대중교통으로 사용해야 합니다.
여러분의 의견을 뒷받침할 구체적인 이유나 예시를 제시하세요.

▶ MP3 Part5-09

1. 주제문 말하기

2. 이유 말하기

3. 예시 들기

4. 결론 말하기

Model Answer

I agree that city must use environmentally friendly vehicles for public transportation even if citizens might have to pay higher fare. This is because it helps protect the environment and reduce air pollution. It can also improve citizens' lives. For example, I have been living in Seoul for 10 years. When I just moved to the city, we had a serious air pollution. So, the city government had to do something to figure that out. Finally, the city government decided to change all public transportation into environmentally friendly vehicles with higher fare. After that, the city started to get cleaner and cleaner because it reduced air pollution. And now it has become one of the cleanest cities in the world. If they didn't come up with that idea, we might not have this result today.

저는 비록 시민들이 더 높은 요금을 지불하더라도 도시가 대중교통을 위해 환경 친화적인 차량을 이용해야 한다는 것에 동의합니다. 이것은 환경을 보호하고 대기 오염을 줄이는데 도움을 주며 또한 시민들의 삶을 향상시킬 수 있기 때문입니다. 예를 들어, 저는 서울에서 10년 동안 살고 있습니다. 제가 이 도시로 이사 왔을 때, 우리는 심각한 대기 오염을 겪었습니다. 그래서 시 정부는 그것을 알아내기 위해 무언가를 해야 했습니다. 마침내 시 정부는 모든 대중교통을 요금이 더 비싼 환경 친화적인 차량으로 바꾸기로 결정했습니다. 그 후, 우리 도시는 대기 오염을 줄여 점점 깨끗해지기 시작했습니다. 그리고 이제 이곳은 세계에서 가장 깨끗한 도시 가운데 하나가 되었고, 많은 시민들은 그것 덕분에 삶이 나아졌다고 말합니다. 만약 그들이 그런 생각을 하지 않았다면, 오늘날 우리는 이런 결과를 얻지 못했을지도 모릅니다.

예시 간단하게 만드는 비법

템플릿에 포함되지 않는 비교적 자주 등장하지 않는 주제의 문제도 반드시 능숙하게 예시를 들어야 합니다. 그럴 때는 파트3에서 배운 기,승,전,결 4단계 스킬을 활용하여 예시를 만들어줄 수 있습니다.

Magic Answer No.12

기타 소재 모든 예시문제에 적용되는 만능 템플릿

 제문의 내용 실행

 구체적인 부연설명

 그 경험이 어떠하였는지 또는 어떤 영향이 있었는지 설명

 초반 답변했던 이유문장대로 이루어짐을 증명

다음 문제를 살펴보고 이유와 예시를 만들어 봅시다.

Some people prefer to live in the same place all of their lives. Other people prefer to move frequently and live in many different cities or towns over lifetime. Which do you prefer and why? Give reasons or examples to support your opinion.

어떤 사람들은 평생 같은 장소에서 사는 것을 선호합니다. 다른 사람들은 자주 이사 하며 평생 동안 많은 다른 도시 또는 마을에 사는 것을 선호합니다. 당신은 어느 것을 선호합니까? 왜죠? 여러분의 의견을 뒷받침할 이유나 예시를 제시하세요.

MP3 Part5-10

주제문과 이유 생각하기

저는 평생 동안 자주 이사를 하고 여러 도시나 마을에 사는 것을 선호합니다. 많은 사람들을 만나고 다양한 문화를 경험함으로써 시야를 넓히는 데 도움이 되기 때문입니다.

예시 생각하기

1. 실제로 저는 일생동안 여러 곳을 이사하며 여러 도시에서 살았습니다.
2. 서울, 부산, 제주 등에서 거주하며 많은 사람들을 만나고 다양한 문화를 경험했습니다.
3. 그것은 저에게 매우 유용하고 도움이 되는 경험이었습니다.
4. 덕분에 넓은 견문을 가지게 되었습니다.

결론 말하기

이것이 제가 평생 동안 자주 이사를 하고 여러 도시나 마을에 사는 것을 선호하는이유입니다

주제문과 이유 말하기

I prefer to move frequently and live in many different cities or towns over lifetime because it helps me broaden my horizons by meeting many people and experiencing various cultures.

예시 들기

1. For example, I have moved frequently and lived in many different places during my life.
2. I lived in Seoul, Busan and Jeju, etc. There, I met many people, and experienced various cultures.
3. It was useful and helpful experience for me.
4. Thanks to that, I was able to broaden my insights.

결론 말하기

That's why I prefer to move frequently and live in many different cities or towns over lifetime.

■ **위의 예시비법을 이용하여 다음 문제에 답변해 보세요.**

Do you think it would be important to have a job that is interesting to you? Why or why not? Give reasons or examples to support your opinion.

당신에게 흥미로운 직업을 갖는 것이 중요하다고 생각하십니까? 왜 또는 왜 아닌가요?
여러분의 의견을 뒷받침할 구체적인 이유나 예시를 제시하세요.

 MP3 Part5-11

1. 주제문 말하기

2. 이유 말하기

3. 예시 들기

4. 결론 말하기

Model Answer

I think it is very important to have a job that is interesting to me because it helps me enjoy working and improve job satisfaction as well as the quality of my life. ① For example, I had been working for Star Fashion Company for 3 years. ② I'm working as a fashion designer, so I usually research about contemporary fashion styles, and make clothes, shoes and accessories. ③ I love my job because it is very interesting for me. ④ So, it naturally improves my job satisfaction and the quality of my life. That's why I think it is very important to have a job that is interesting to me.

저는 저에게 흥미로운 일을 하는 것이 매우 중요하다고 생각합니다. 왜냐하면 그것이 제가 일을 즐기고 삶의 질 뿐만 아니라 직업 만족도를 개선하는 데 도움이 되기 때문입니다. 예를 들어, 저는 스타 패션 회사에서 3년 동안 일했습니다. 저는 패션 디자이너로 일하고 있기 때문에 보통 최신 패션 스타일에 대해 공부하고 옷, 신발 및 액세서리를 만듭니다. 그것은 저에게 매우 재미있기 때문에 저는 제 직업을 사랑합니다. 그래서, 자연스럽게 저의 직업 만족도와 삶의 질을 향상시킵니다. 그래서 저는 저에게 흥미로운 직업을 갖는 것이 매우 중요하다고 생각합니다.

Idea Bank

Part 5 다양한 답변 아이디어!

■ 교육, 청소년 관련 문제

1

Which of the following is more necessary for school to include in its daily schedule? Time for children to read a book of their choice, or time for children to spend outdoors? Why?
다음 중 학교가 일과 스케줄에 포함해야 할 더 중요한 항목은 무엇입니까? 아이들이 읽고 싶은 책을 읽는 시간입니까, 혹은 아이들이 야외에서 시간을 보내는 것입니까? 그 이유는 무엇입니까?

핵심 idea	time for children to spend outdoors 아이들이 야외에서 보낼 시간 → help students relieve their stress from their studies 　공부 스트레스 해소 가능 → improve learning efficiency 　학습 효율 향상

2

Do you think it is a good idea for elementary schools to have vending machines to sell snacks and drinks? Why or why not?
당신은 간식이나 음료를 판매하는 자판기가 초등학교에 있는것이 좋은 아이디어라고 생각합니까?

핵심 idea	good idea → convenient and safe 　편리하고 안전함

3

Do you agree or disagree with the following statement?
Famous athletes can be good role models for children.
다음 의견에 동의하십니까 반대하십니까?
유명한 운동선수들은 아이들에게 좋은 롤모델이다.

핵심 idea	agree 동의 → can learn their e ort and how to overcome hardship 　 선수들의 노력과 어려움 극복하는 방법을 배울 수 있음

4

Which of the following types of museums do you think is more important to bring children to, why? Choose one of the options provided below and give specific reasons or examples to support your opinion.
-an art museum
-a history museum
-a science museum

다음 박물관의 종류 중 아이들을 데려가는 데 있어서 가장 중요한 박물관은 무엇이라고 생각하고, 그렇게 생각하는 이유는 무엇입니까?
-미술 박물관
-역사 박물관
-과학 박물관

핵심 idea	art museum 미술 박물관 → most children enjoy art 　 대부분의 아이들이 미술을 좋아함 → improve their creativity and learning efficiency 　 창의성 및 학습 효율 향상

■ 여가, 일상생활 관련 문제

1

When travelling on distances, some people prefer going by car and others prefer to travel by train. Which do you prefer? Why?

먼 곳으로 여행을 갈 때, 몇몇 사람들은 차로 여행하는 것을 선호하는 반면, 다른 사람들은 기차로 여행하는 것을 선호합니다. 여러분은 무엇을 더 선호하십니까? 그 이유는 무엇입니까?

핵심 idea	travel by train 기차 → save time (faster and more convenient) 　시간 절약 가능(더 빠르고 더 편리함) → cheaper 　더 저렴함

2

When you travel long distances, what are the advantages of travelling by train?

먼 곳으로 여행 시, 기차로 여행하는 것의 장점에는 어떤 것이 있습니까?

핵심 idea	→ save time (train faster and more convenient) 　시간 절약 (기차 빠르고 편리함) → cheaper 　더 저렴함

3

What are the disadvantages of taking a guided tour when visiting a foreign city?

먼 곳으로 여행 시, 기차로 여행하는 것의 단점에는 어떤 것이 있습니까?

핵심 idea	→ takes too long 　오래 걸림 → uncomfortable to travel together 　함께 여행하는 것 불편함

■ 회사 업무관련 문제

1

For a company, what are the disadvantages of having a group of people make important decisions instead of just one leader?

회사에서 한 명의 리더가 중요한 의사 결정을 하는 것에 비해 여러 명이 의사 결정을 하는 것의 단점에는 무엇이 있습니까?

핵심 idea	→ takes time to make decision 　시간이 오래 걸림 → decrease work efficiency 　업무 효율 저하

2

Think of a job that you are familiar with. For that job, is it important to be able to adapt to new situations?

여러분에게 익숙한 직업을 떠올려 보세요. 그 직업에서, 새로운 상황에 적응하는 것은 얼마나 중요합니까?

핵심 idea	very important 매우 중요 → helps learn job skills quickly 　업무 기술을 빠르게 배울 수 있음 → improve work efficiency 　업무 효율 증가

3

Many people believe that studying in a foreign country is a valuable experience for a college student. Why do you think people hold this opinion?

많은 사람들은 외국에서 공부하는 것은 대학생에게 가치 있는 경험이라고 생각합니다. 사람들이 이러한 의견을 가진 이유는 무엇이라고 생각하십니까?

핵심 idea	→ most companies prefer to hire employees who have experiences of studying abroad 　대부분의 기업들은 해외에서 공부한 경험이 있는 직원을 고용하는 것을 선호함 → mprove work efficiency 　업무 효율 증가

4

Do you agree or disagree with the following statement?
An employee can gain more leadership skill by working in a large company than by working at a small company.
다음 문장에 동의하십니까 반대하십니까?
직원들은 작은 회사에서 일하는 것보다 큰 회사에서 일하면서 리더십 경험을 더 많이 얻을 수 있다.

핵심 idea	agree 동의 → more opportunities to meet many people and lead many projects 　많은 사람들을 만나고 많은 프로젝트를 이끌 수 있는 기회가 많음 →improve leadership skill 　리더십 기술이 향상됨

5

Do you agree or disagree with the following statement?
All universities should provide chances for their students to study abroad.
다음 문장에 동의하십니까 반대하십니까?
모든 대학은 학생들이 해외에서 공부할 수 있는 기회를 제공해야한다.

핵심 idea	agree 동의 → most companies prefer to hire new employees with experiences of studying abroad 　대부분의 기업들은 해외에서 공부한 경험이 있는 직원을 채용하는 것을 선호함 → mprove work efficiency 　업무 효율 증가

6

What do you think about the statement?
The best way to handle work-related stress is by taking a vacation.
다음 의견에 대해 어떻게 생각하십니까?
업무 관련 스트레스를 해소하기 위한 가장 좋은 방법은 휴가를 가는 것이다.

핵심 idea	agree 동의 → taking a vacation while going on a trip or enjoying hobbies helps employees refresh themselves 　휴가를 써서 여행을 가거나 취미를 즐기는 것은 직원들이 스스로를 환기시키는 데 도움이 됨 → improve work efficiency 　업무 효율 향상

7

Do you agree or disagree with the following statement?
To be a successful manager, it is important to take risks.
다음 의견에 동의하십니까?
성공적인 매니저가 되기 위해서, 위험을 감수하는 것이 중요하다.

핵심 idea	agree 동의 → every business can face risky situation 　　모든 사업은 위험한 상황에 맞닥뜨릴 수 있음 → improve work efficiency and productivity 　　업무 효율 및 생산성 향상

8

Which can contribute more to job satisfaction, having a flexible work schedule or good co-workers?
유연한 업무 스케줄과 좋은 동료들 중 어떤 것이 업무 만족도에 더 큰 영향을 미친다고 생각하십니까?

핵심 idea	good coworkers 좋은 동료 → enjoy working by having good relationship 　　좋은 관계를 유지함으로써 직원들이 즐겁게 일 할 수 있음 → improve work efficiency 　　업무 효율 증가

■ 배움, 정보 얻기 관련문제

1

Think about the hobby that you want to learn about. Is it better to learn about the hobby by getting information from a friend with the same hobby or by watching a television program about it? Why?

여러분이 더 배우고 싶은 취미에 대해 생각해보세요. 취미를 배우는 데 있어서, 같은 취미를 가진 친구에게 정보를 얻는 것과 그것에 관한 TV 프로그램을 보면서 배우는 것 중 어느 것이 더 낫습니까? 그 이유는 무엇입니까?

핵심 idea	by getting information from a friend with the same hobby 같은 취미를 가진 친구에게 정보를 얻는 것 → deliver useful tips and real experiences 　유용한 팁과 실제 경험 전달

2

What are the advantages of getting advice from friends before making an important decision?

중요한 의사 결정을 할 때, 친구들에게 조언을 얻는 것의 장점에는 무엇이 있을까요?

핵심 idea	→ deliver real experiences and useful tips about the decisions 　의사 결정에 대한 실제 경험과 유용한 팁을 전달 → very helpful and useful 　유용하고 도움이 됨

3

Which would you prefer to learn a new skill for a job, by studying written instructions on your own, or by attending a group training session? Why?
스스로 글로 쓰여진 지시사항을 읽는 것과 단체 교육 세션에 참가하는 방법 중 직업에 필요한 기술을 배우기 위해서 어떤 방법을 사용하는 것을 선호하십니까? 그 이유는 무엇입니까?

핵심 idea	by attending a group training session 단체 교육 세션 참여 → share opinions with the members 　동료들과 의견 공유 → get feedback from instructors 　교육자에게 피드백 받을 수 있음

■ 환경, 정책, 사회현상 관련 문제

1

What can contribute more to the success of musicians? Luck or talent? Why?
운과 재능 중 음악가들의 성공에 있어서 둘 중 어느 것이 더 많이 영향을 미친다고 생각하십니까? 그 이유는 무엇입니까?

핵심 idea	talent 재능 → talented musician makes better result 　재능 있는 음악가가 더 좋은 결과를 얻음 → naturally brings luck and opportunities to success 　자연스럽게 성공할 수 있는 운과 기회를 가져옴

2

Do you think making public transportation free of charge a good use of government funds? Why or why not?
대중교통을 무료로 사용할 수 있게 하는 것은 정부 자금을 잘 사용하는 것입니까? 그렇게 생각하는 이유는 무엇입니까?

핵심 idea	very good use 매우 좋은 사용임 → help reduce traffic 　교통 체증 감소 가능 → protect environment 　환경 보호

3

Do you agree or disagree with the following statement?
City must use environmentally friendly vehicles for public transportation even if citizens might have to pay higher fare.
다음 의견에 동의하십니까?
시민들이 더 높은 요금을 내야 하더라도 대중교통으로는 반드시 친환경 차량을 사용해야한다.

핵심 idea	agree 동의 → protect environment 　환경 보호 → reduce air pollution 　대기오염 감소 → improve citizens' lives 　시민들의 삶의 질 향상

■ 과거, 현재, 미래사회 비교 문제

1

Do you agree or disagree with the following statement?
In the future, buying clothes online will be more popular than buying clothes at the stores.
다음 문장에 동의하십니까? 미래에는 온라인으로 옷을 사는 것은 매장에서 옷을 사는 것보다 더 인기가 많을 것이다.

핵심 idea	agree 동의 → due to the advance of Internet technology, people will have much more opportunities to purchase clothes online 인터넷 기술 발전으로 온라인으로 옷을 살 수 있는 기회가 더 많아질 것 → comfortable and convenient 편안하고 편리함

2

Which invention do you think has improved our lives more, the telephone or the computer? Why?
전화기와 컴퓨터 중 사람들의 삶을 더 많이 향상시킨 것은 무엇이라고 생각하십니까? 그 이유는 무엇입니까?

핵심 idea	computer 컴퓨터 → due to the advance of computer and internet technology, can have opportunities to learn and enjoy many things online such as hobbies, shopping, etc. 컴퓨터와 인터넷 기술발전으로 온라인으로 즐기고 배울 수 있는 많은 기회가 생김 → comfortable and convenient 편안하고 편리함

Practice 1    MP3 Part5-12

■ **회사, 업무관련 문제**

Which do you value more, a co-worker who can work independently, or a co-worker who can motivate others? Why?
Use specific reasons or examples to support your opinion.

주제문과 이유 말하기

예시 들기

결론 말하기

친절한 피드백

여러분은 독립적으로 일할 수 있는 동료와 다른 사람들은 동기부여 시킬 수 있는 동료 중 누구를 더 선호하십니까? 그 이유는 무엇입니까?
여러분의 의견을 뒷받침하기 위해 구체적인 이유나 예를 사용하세요.

Model Answer

I value a co-worker who can motivate others more because it helps the employees work harder. And it can improve work efficiency. For example, I have been working for JT company for 10 years. When I just started to work for the company, we had a serious financial crisis. So, the CEO had to do something to figure that out. Finally, he decided to hire a manager who had a good motivation skill. After that, the profits of the company started to increase because all the employees worked harder. And it improved work efficiency. And now, it has become one of the major companies in Korea. If he didn't come up with that idea, we might not have this result today. That's why I value a co-worker who can motivate others more.

저는 다른 사람들에게 동기부여를 할 수 있는 직장동료를 선호합니다. 왜냐하면 그것은 직원들로 하여금 더 열심히 일할 수 있도록 도움을 주고 업무 효율을 향상시킬 수 있기 때문입니다. 예를 들어, 저는 JT 회사에서 10년째 일하고 있습니다. 제가 막 회사를 다니기 시작했을 때, 저희는 심각한 재정 위기를 겪었습니다. 그래서 CEO는 그것을 해결하기 위해 무언가를 해야 했습니다. 마침내, 그는 다른 사람들에게 동기를 부여할 수 있는 매니저를 고용하기로 결정했습니다. 그 후, 모든 직원들이 더 열심히 일했기 때문에 회사의 이익은 증가하기 시작했습니다. 그리고 업무 효율을 향상시켰습니다. 그리고 지금 저희 회사는 대한민국의 주요 기업 중 하나가 되었습니다. 만약 그가 그런 생각을 하지 않았다면, 우리는 오늘날 이런 결과를 얻지 못했을지도 모릅니다. 그래서 저는 이렇게 생각합니다.

Practice 2　　▶ MP3 Part5-13

- ### 청소년, 교육 관련 문제

For high school students, is it beneficial to participate in theater performances? Why or why not? Give reasons of example to support your opinion.

주제문과 이유 말하기

예시 들기

결론 말하기

고등학생에게는 연극 공연에 참여하는 것이 유익합니까? 왜 또는 왜 아니죠?
여러분의 의견을 뒷받침하기 위해 구체적인 이유나 예시를 사용하세요.

Model Answer

For high school students, I think it is beneficial to participate in theater performances because many students enjoy acting, so it helps them relieve their stress from study. It can improve learning efficiency. For example, when I was in high school, my school always pushed the students to study only academic subject. So the students got a lot of stress and the scores are getting lower and lower. So the principal had to do something to figure that out. Finally, he decided to give a chance for them to participate in theater performances. After that, the students started to study hard because the students relieved their stress and improved learning efficiency. And now, it has become one of the prestigious schools in Korea. If he didn't come up with that idea, we might not have this result today. That's why I think it is beneficial to participate in theater performances for high school students.

고등학생에게는 연극 공연에 참여하는 것이 유익하다고 생각합니다. 왜냐하면 많은 학생들은 연기활동을 즐기고 그것은 학업 스트레스를 해소하는 데 도움이 되며 학습 효율성을 향상시킬 수 있기 때문입니다. 예를 들어, 제가 고등학교에 다녔을 때, 우리 학교는 항상 학생들을 학문적 과목만 공부하도록 강요했습니다. 그래서 학생들은 스트레스를 많이 받았고 점수는 점점 낮아지고 있습니다. 그래서 교장은 그것을 해결하기 위해 무언가를 해야 했습니다. 마침내 그는 학생들이 연극 공연에 참여할 수 있는 기회를 주기로 결심했습니다. 그 후, 학생들은 스트레스를 완화하고 학습능률을 향상 시켰기 때문에 열심히 공부하기 시작했습니다. 그리고 지금은 대한민국의 명문 학교 중 하나가 되었습니다. 만약 그가 그 생각을 하지 않았다면, 우리는 오늘 이 결과를 얻지 못할 수도 있습니다. 그렇기 때문에 고등학생을 위한 연극 공연에 참여하는 것이 도움이 될 것 같다고 생각합니다.

Practice 3

MP3 Part5-14

■ 여가, 일상생활 관련 문제

What are the advantages of planning for a vacation in advance? Give reasons or examples to support your opinion.

주제문과 이유 말하기

예시 들기

결론 말하기

휴가를 미리 계획하는 장점은 무엇입니까?
여러분의 의견을 뒷받침하기 위해 구체적인 이유나 예를 사용하세요.

Model Answer

There are many advantages of planning for trip in advance. Most of all, we can save time and money. We don't have to waste time finding attractions, transportations and restaurants, etc. For example, last summer, I was able to get 10 days of vacation. So, I decided to go to Italy. At first, I was very excited. But I didn't know where to start since I had never been there. So, I visited some websites of travel agencies. They provided the latest information about the travel, such as tourist attractions, hotels and restaurants. Also, I was able to read many reviews from other travelers. So, I made my own travel plan based on the information. Finally, I went to Italy. There, I visited all the places with good reviews, and used public transportation without any problems. Thanks to the preparation in advance, I was able to have a nice trip saving a lot of money and time. That's why I think there are many advantages of planning for trip in advance.

사전에 여행을 계획하는 것은 많은 장점이 있습니다. 무엇보다도 시간과 비용을 절약할 수 있습니다. 관광명소, 교통, 음식점 등을 찾는 데 시간을 낭비할 필요가 없습니다. 예를 들어, 지난 여름, 저는 10 일간의 휴가를 얻을 수 있었습니다. 그래서 저는 이탈리아에 가기로 결정했습니다. 처음에는 매우 흥분됐습니다. 하지만 그곳에 가본 적이 없었기 때문에 어디서부터 시작해야 할지 몰랐습니다. 그래서 여행사 웹사이트를 방문했습니다. 그들은 관광명소, 호텔 및 레스토랑과 같은 여행에 대한 최신 정보를 제공했습니다. 또한, 저는 다른 여행자로부터 많은 리뷰를 읽을 수 있었습니다. 그래서, 저는 그 정보를 기반으로 저만의 여행 계획을 세웠습니다. 마침내 저는 이탈리아에 갔습니다. 그곳에서 좋은 리뷰를 가진 모든 장소를 방문했고, 아무 문제없이 대중 교통을 이용했습니다. 사전에 준비 덕분에, 저는 많은 시간과 시간을 절약하며 좋은 여행을 할 수 있었습니다. 그래서 여행을 미리 계획하는 데는 많은 장점이 있다고 생각합니다.

Practice 4    MP3 Part5-15

■ **과거, 현재 미래사회 문제**

In the future, do you think reading will become less popular for children in their free time? Give reasons or examples to support your opinion.

주제문과 이유 말하기

예시 들기

결론 말하기

미래에는 아이들이 여가시간에 독서하는 것이 줄어들 것이라고 생각하십니까?
여러분의 의견을 뒷받침하기 위해 구체적인 이유나 예를 사용하세요.

Model Answer

In the future, I think reading will become less popular for children in their free time. Due to the advance of Internet technologies, children will have more opportunities to use the Internet rather than reading books. For example, about 15 years ago, we didn't have smartphones. At that time, many people enjoyed reading in their free time rather than using the Internet. These days, however, we can get any information and knowledge by using smart phones. It is very convenient and comfortable. So, I think more and more people and children will use the Internet rather than reading in the future. That's why I think reading will become less popular for children in their free time.

미래에는 아이들이 여가시간에 독서하는 것이 줄어들 것이라고 생각합니다. 인터넷 기술의 발전으로 인해 아이들은 책을 읽는 것보다 인터넷을 사용할 수 있는 기회가 더 많아질 것이기 때문입니다. 예를 들어, 약 15년 전에는 스마트폰이 없었습니다. 당시 많은 사람들이 인터넷을 사용하는 대신 여가 시간에 독서를 즐겼습니다. 그러나 요즘은 스마트폰을 사용하여 어떤 정보와 지식도 얻을 수 있습니다. 그것은 매우 편리하고 편안합니다. 그래서 미래에는 독서보다는 점점 더 많은 사람들과 아이들이 인터넷을 사용할 것이라고 생각합니다. 그래서 저는 미래에는 아이들이 여가시간에 독서하는 것이 줄어들 것이라고 생각합니다.

MP3 Part5-16

TOEIC Speaking

Questions 11: Express an Opinion

Directions: In this part of the test, you will give your opinion about a specific topic. Be sure to say as much as you can in the time allowed. You will have 45 seconds to prepare. Then you will have 60 seconds to speak.

TOEIC Speaking　　　　　**11 of 11**

Do you agree or disagree with the following statement?

A team leader contributes more to the team's success than team members.

Give reasons or examples to support your opinion.

PREPARATION TIME	PREPARATION TIME
00:00:45	00:01:00

MP3 Part5-17

TOEIC Speaking

Questions 11: Express an Opinion

Directions: In this part of the test, you will give your opinion about a specific topic. Be sure to say as much as you can in the time allowed. You will have 45 seconds to prepare. Then you will have 60 seconds to speak.

TOEIC Speaking   **11 of 11**

Which would you prefer to learn a new skill for a job, by studying written instructions on your own, or by attending a group training session? Why? Give reasons or examples to support your opinion.

PREPARATION TIME	PREPARATION TIME
00:00:45	00:01:00

정답 및 해설 1

Do you agree or disagree with the following statement?
A team leader contributes more to the team's success than team members.
Give reasons or examples to support your opinion.

다음 의견에 동의하십니까 반대하십니까?

팀 리더는 팀 원보다 팀의 성공에 더 많은 기여를 합니다.

여러분의 의견을 뒷받침하기 위해 구체적인 이유나 예를 사용하세요.

Model Answer

I agree that a team leader contributes more to the team's success than team members because when the leader motivates the team members, they would work harder. It can improve work efficiency and make better results. For example, I have been working for JT company for 10 years. When I just started to work for the company, we had a serious financial crisis. So, the CEO had to do something to figure that out. Finally, he decided to hire a new manager who had a good motivation skill. After that, the profits of the company started to increase because the new manager motivated all the employees to work harder, and it improved work efficiency. And now, it has become one of the major companies in Korea. If he didn't come up with that idea, we might not have this result today. That's why I agree that a team leader contributes more to the team's success than team members.

저는 팀 리더가 팀 원보다 팀의 성공에 더 많은 기여를 한다는 데 동의합니다. 왜냐하면 리더가 팀 원들에게 동기를 부여할 때, 그들은 더 열심히 일하고 업무효율을 향상시키며 더 나은 결과를 만들 것이기 때문입니다. 예를 들어, 저는 10년 동안 JT 회사에서 일해 왔습니다. 회사에서 일하기 시작했을 때, 우리는 심각한 금융 위기를 겪었습니다. 그래서 CEO는 그것을 해결하기 위해 무언가를 해야 했습니다. 마침내 그는 좋은 동기 부여 기술을 가진 새로운 매니저를 고용하기로 결정했습니다. 그 후, 새로운 관리자가 모든 직원에게 더 열심히 일하도록 동기를 부여하고 작업 효율성을 향상시켰기 때문에 회사의 이익이 증가하기 시작했습니다. 그리고 지금은 대한민국의 주요 기업 중 하나가 되었습니다. 만약 그가 그 생각을 떠올리지 않았다면, 우리는 오늘 이 결과를 얻지 못할 수도 있었습니다. 그래서 저는 팀 리더가 팀 원보다 팀의 성공에 더 많은 기여를 한다는 데 동의합니다.

정답 및 해설 2

Which would you prefer to learn a new skill for a job, by studying written instructions on your own, or by attending a group training session? Why? Give reasons or examples to support your opinion.

업무에 대한 새로운 기술을 배우기 위해 직접 서면 지침을 공부하거나 그룹 교육 세션에 참석하는 것 중 어느 것을 선호하십니까? 왜죠?
여러분의 의견을 뒷받침하기 위해 구체적인 이유나 예를 사용하세요.

Model Answer

I would prefer to learn a new skill for a job by attending a group training session because I can share opinions with the members and get feedback from the instructors. It is more helpful and useful than studying written instructions. For example, last year, I got a job at JT company. But I didn't know how to handle my work because my major was totally different from my work position. So, I had to learn more about my job. Finally, I decided to attend a workshop. There, I learned job skills and was able to share opinions and ideas with my team members. I was also able to get feedback from the teachers. It was very helpful and useful. So, I was finally able to learn how to handle my job. That's why I would prefer to learn a new skill for a job by attending a group training session.

저는 직업에 대한 새로운 기술을 배우기 위해 그룹 교육 세션에 참석하는 것을 선호합니다. 왜냐하면 멤버들과 의견을 공유하고 강사로부터 피드백을 받을 수 있기 때문입니다. 그것은 서면 지침을 공부하는 것보다 더 유용하고 유용합니다. 예를 들어, 작년에 JT 회사에 취업을 했습니다. 하지만 제 전공이 업무 포지션과 완전히 달랐기 때문에 어떻게 업무를 처리해야 할지 몰랐습니다. 그래서, 저는 제 직업에 대해 더 많은 것을 배워야했습니다. 마침내 저는 워크숍에 참석하기로 결정했습니다. 그곳에서 저는 업무 기술을 배웠고 팀원들과 의견과 아이디어를 공유할 수 있었습니다. 저는 또한 강사로부터 피드백을 받을 수 있었습니다. 그것은 매우 유용하고 도움이 되었습니다. 그래서 마침내 제 일을 잘하는 방법을 배울 수 있었습니다. 그래서 저는 그룹 교육 세션에 참석하여 업무에 대한 새로운 기술을 배우는 것을 선호합니다.

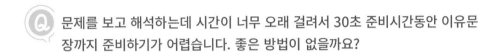

Q 문제를 보고 해석하는데 시간이 너무 오래 걸려서 30초 준비시간동안 이유문장까지 준비하기가 어렵습니다. 좋은 방법이 없을까요?

A 파트5와 파트3 문항들은 정확하고 빠른 해석이 뒷받침되어야 고득점을 받을 수 있습니다. 그렇지만 이러한 기본실력도 훈련에 따라 단기간에 향상될 수 있으니 너무 걱정 마시고 많은 문제들을 우선 천천히 해석해보고 모범답안을 보며 각 문제들이 어떤 문법의 형태를 갖추고 주제문과 근거문장으로·형성되는지를 면밀히 파악하는 연습이 필요합니다.

Q 예시를 꼭 말해야 하나요? 이유만 말하면 감점인가요?

A 예시를 들지 않아도 상관 없습니다. 단 60초라는 답변 시간에 최대한 많은 발화를 해야 하기 때문에 이유 한가지로는 부족할 것 같습니다. 생각나는 이유가 더 있다면 이유를 두세가지 정도 말하는 것도 좋은 방법입니다. 저자의 개인적인 견해이지만 저의 오랜 경험으로 봤을 때 이유만 나열할 때보다 수험자들의 개인적인 에피소드를 풍성하게 말할 때 좀더 고득점 확률이 높았습니다.

Q 11번 문제가 너무 어려운데 11번 한 문제를 포기하고 다른 문항 들에서 높은 점수를 받는 전략으로 공부하면 어떨까요?

A 그건 절대로 추천하지 않는 학습법입니다. 토익스피킹은 마지막 11번 문항의 배점이 가장 높고 평가항목도 다른 파트보다 많아서 점수에 직접적으로 영향을 미치기 때문입니다. 포기하지 마시고 시간이 얼마가 걸리든 열심히 노력하시는게 좋겠습니다.

Final Test _____

Final Test 1

Part 1

TOEIC Speaking

Question 1-2: Read a Text Aloud.

Directions: In this part of the test, you will read aloud the text on your screen. You will have 45 seconds to prepare. Then you will have 45 seconds to read the text aloud.

TOEIC Speaking   **Question 1 of 11**

And now for the weather report. Although the skies are clear this morning, we anticipate the heavy thunderstorms in the early evening. Expect heavy rain, gusty winds and flashes of lighting. Because the visibility will be low at that time, use caution when you are driving. But fortunately, the storm will pass by tomorrow morning, and we'll enjoy clear skies for the rest of the week.

PREPARATION TIME	RESPONSE TIME
00:00:45	00:00:45

TOEIC Speaking   **Question 2 of 11**

Welcome to the tour of the Milly Art Supply Manufacturing. At our factory, we make all of our special paints, markers and colored pens. Our products which are made from the high quality materials are used by everyone from young children to professional painters. During the tour, you will see the steps of our manufacturing process. Let's start the tour.

PREPARATION TIME	RESPONSE TIME
00:00:45	00:00:45

Part 2

TOEIC Speaking

Question 3-4: Describe a picture

Directions: In this part of the test, you will describe the picture on your screen, in as much detail as you can. You will have 45 seconds to prepare your response. Then you will have 30 seconds to speak about the picture.

TOEIC Speaking   Question 3 of 11

PREPARATION TIME	RESPONSE TIME
00:00:45	00:00:30

PREPARATION TIME
00:00:45

RESPONSE TIME
00:00:30

Part 3

Question 5-7: Respond to Questions

Directions: In this part of the test, you will answer three questions. You will have three seconds to prepare after you hear each question. You will have 15 seconds to respond to Questions 5 and 6 and 30 seconds to respond to Question 7.

Imagine that a British marketing firm is doing research in your town. You have agreed to participate in a telephone interview about washing dishes.

Imagine that a British marketing firm is doing research in your town. You have agreed to participate in a telephone interview about washing dishes.

How often do you wash dishes, and about how long does it usually take?

PREPARATION TIME	RESPONSE TIME
00:00:03	00:00:15

Imagine that a British marketing firm is doing research in your town. You have agreed to participate in a telephone interview about washing dishes.

Do you wash dishes more or less often than you did five years ago and why?

PREPARATION TIME	RESPONSE TIME
00:00:03	00:00:15

Imagine that a British marketing firm is doing research in your town. You have agreed to participate in a telephone interview about washing dishes.

Do you prefer to wash dishes by hand or in a dishwasher, and why?

PREPARATION TIME	RESPONSE TIME
00:00:03	00:00:15

Part 4

Questions 8-10: Respond to questions using information provided

Directions: In this part of the test, you will answer three questions based on the information provided. You will have 45 seconds to read the information before the questions begin. You will have three seconds to prepare after you hear each question. You will have 15 seconds to respond to Questions 8 and 9 and 30 seconds to respond to Question 10.

Seminar for Young Journalists
Watertown Community Center
July 18

Time	Event	Presenter
10:00AM-11:00AM	lecture: Global Networking and Socializing	Denny Johnson
11:00AM - noon	lecture: Journalism and Social Media	Melina Smith
noon-1:00PM	lunch	Henry Anderson
1:00PM-2:00PM	workshop: Getting Specialized	Jane Walters
2:00PM -3:00PM	workshop: Making Opportunities	Youmi Kim
3:00PM-4:00PM	lecture: Investigated Journal Writing (canceled)	Jim Kyle
4:00PM-5:00PM	lecture: Diversity in Global Journalism	Jane Walters

PREPARATION TIME
00:00:45

PREPARATION TIME
00:00:03

PREPARATION TIME
00:00:03

PREPARATION TIME
00:00:03

PREPARATION TIME
00:00:15

PREPARATION TIME
00:00:15

PREPARATION TIME
00:00:30

Final Test 1

Part 5

TOEIC Speaking

Questions 11: Express an Opinion

Directions: In this part of the test, you will give your opinion about a specific topic. Be sure to say as much as you can in the time allowed. You will have 45 seconds to prepare. Then you will have 60 seconds to speak.

When a school is considering sending its students to a day trip during the school day, do you think it would be more beneficial to take students to watch a sporting event, or to take a history museum? Why? Give reasons or examples to support your opinion.

PREPARATION TIME	PREPARATION TIME
00:00:45	00:01:00

Qustion 1

Model Answer

And **now** / for the **weather report**.↘// **Although** the **skies** are **clear** this **morning**,↗/ we **anticipate** the **heavy thunderstorms** / in the **early evening**.↘// **Expect heavy rain**,↗/ **gusty winds** ↗/ and **flashes** of **lighting**.↘// **Because** the **visibility** will be **low** at **that time**,↗ / **use caution** / when you are **driving**.↘// But **fortunately**,↗/ the **storm** will **pass** by tomorrow morning,↗/ and we'll **enjoy clear skies** / for the **rest** of the **week**.↘//

이제 일기예보 입니다. 오늘 아침 하늘은 맑지만, 초저녁에는 강한 뇌우가 예상됩니다. 소나기, 돌풍, 번개가 예상됩니다. 그 시간에는 가시성이 낮기 때문에 운전할 때는 주의를 기울여야 합니다. 하지만 다행히 내일 아침까지는 폭풍우가 지나겠고, 남은 주말 동안 맑은 하늘을 즐기겠습니다.

Qustion 2

Model Answer

Welcome to the **tour** of the **Milly Art Supply Manufacturing**.↘// At our **factory**,↗/ we **make all** of our **special paints**,↗/ **markers**↗/ and **colored pens**.↘// Our **products** / which are **made** from the **high quality materials**/ are **used** by **everyone**/ from **young children** to **professional painters**.↘// **During** the **tour**,↗/ you will **see** the **steps** of our **manufacturing process**.↘// **Let's start** the **tour**.↘//

Milly 미술용품 공장 견학에 오신 것을 환영합니다. 저희 공장에서는 특별한 페인트, 마커, 컬러펜을 모두 생산합니다. 고품질 소재로 만든 저희 제품은 어린 아이부터 전문 화가들까지 모두 사용하고 있습니다. 둘러보시는 동안 저희 제조 공정의 단계를 보실 수 있습니다. 견학을 시작하겠습니다!

Qustion 3

Model Answer

This is a picture taken at a pharmacy. There are two people in this picture. On the right side of the picture, there is a woman who looks like a pharmacist. She is wearing glasses and a white uniform. She's holding a tablet and looking at it. On the left side of the picture, I can see another pharmacist reaching for some drugs. In the background of the picture, there are lots of drugs and medicines displayed on the shelves. Maybe they are working at the pharmacy.

이것은 약국에서 찍힌 사진입니다. 이 사진에는 두 사람이 있습니다. 사진의 오른쪽에는 약사처럼 보이는 여성이 있습니다. 그녀는 안경과 흰색 유니폼을 입고 있습니다. 그녀는 태블릿을 들고 그것을 바라보고 있습니다. 사진의 왼쪽에 약을향해 팔을 뻗는 다른 약사가 보입니다. 사진의 배경에는 선반에 많은 약물과 의약품이 전시되어 있습니다. 아마도 그들은 약국에서 일하고 있는것 같습니다.

Model Answer

This is a picture taken in a meeting room, there are several people in this picture. In the middle of the picture, there is a man who looks like a speaker. He is wearing glasses and a gray suit. He is giving a presentation while making gestures. In front of him, I can see the other people sitting around the table. In the background of the picture, I can see a big monitor hanging on the wall. Maybe they are having a meeting.

이것은 회의실에서 찍힌 사진이며, 이 사진에는 여러 사람이 있습니다. 사진의 가운데에, 발표자처럼 보이는 한 남자가 있습니다. 그는 안경과 회색 양복을 입고 있습니다. 그는 손동작을 하며 발표를 하고 있습니다. 그의 앞에서 식탁에 앉아 있는 다른 사람들이 보입니다. 사진의 배경에 벽에 걸린 큰 모니터가 보입니다. 아마도 그들은 회의를 하고 있는것 같습니다.

Qustion 5-7

Imagine that a British marketing firm is doing research in your town. You have agreed to participate in a telephone interview about washing dishes.

영국의 한 마케팅 회사가 당신의 지역에서 조사를 하고 있다고 가정해 보세요. 당신은 설거지에 대한 전화 인터뷰에 참여하기로 동의했습니다.

Qustion 5

How often do you wash dishes, and about how long does it usually take?

설거지는 얼마나 자주 하세요? 그리고 보통 얼마나 걸리나요?

Model Answer

I wash dishes only once or twice a month, and it usually takes about 20 minutes. Since I'm a busy student, I don't have enough time to wash dishes.

한 달에 한두 번 설거지를 하는데 보통 20분 정도 걸립니다. 저는 바쁜 학생이라 설거지를 할 시간이 부족해요.

Qustion 6

Do you wash dishes more or less often than you did five years ago and why?

당신은 5년 전에 비해 설거지를 더 자주 하나요 아니면 덜 자주 하나요? 왜죠?

Model Answer

I wash dishes much less often than five years ago because I have been very busy studying. I have less time to take care of my house chores.

저는 5년 전보다 설거지를 훨씬 덜 자주 합니다. 왜냐하면 저는 공부하느라 바빴기 때문입니다. 집안일을 돌볼 시간이 더 적어졌습니다.

Qustion 7

Do you prefer to wash dishes by hand or in a dishwasher, and why?

당신은 손으로 설거지를 하는 것과 식기세척기로 하는 것 중 어느 것을 더 좋아합니까? 그리고 그 이유는 무엇입니까?

I prefer to wash dishes in a dishwasher rather than by hand because it is much more convenient. As I said, I don't have much time to wash dishes by myself. For example, I bought a dish washer last month, and I use it everyday. It is very convenient and easy to use. It helps me save a lot of time.

저는 손보다는 식기세척기로 설거지를 하는게 더 편합니다. 제가 말했듯이 저는 설거지를 할 시간이 별로 없습니다. 예를 들어, 저는 지난달에 식기세척기를 사서 매일 사용하고 있습니다. 식기세척기는 매우 편리하고 사용하기 쉽습니다. 많은 시간을 절약하는 데 도움이 됩니다.

Qustion 8-10

젊은 기자를 위한 세미나
Watertown 커뮤니티 센터
7월 18일

시간	행사	Presenter
10:00AM-11:00AM	강연: 글로벌 네트워킹 및 사교	Denny Johnson
11:00AM - 정오	강연: 저널리즘 및 소셜 미디어	Melina Smith
정오-1:00PM	점심	Henry Anderson
1:00PM-2:00PM	워크숍: 전문화하기	Jane Walters
2:00PM -3:00PM	워크숍: 기회 창출하기	Youmi Kim
3:00PM-4:00PM	강의: 조사 저널 쓰기 (취소됨)	Jim Kyle
4:00PM-5:00PM	강의: 글로벌 저널리즘의 다양성	Jane Walters

Hello. I'm a journalist, and I'm interested in attending the seminar for young journalists. I'd like some more information about it.

안녕하세요. 저는 기자입니다. 젊은 기자들을 위한 세미나에 참석하고 싶습니다. 세미나에 관한 정보를 좀더 알고 싶습니다.

Qustion 8

On what date will the seminar be held, and where will it take place?

세미나 날짜가 언제이며 어디서 열리나요?

Model Answer

Hello sir. The seminar will be held on July 18th at the Watertown Community Center. Any other questions?

안녕하세요. 세미나는 7월 18일 Watertown 커뮤니티 센터에서 열립니다. 다른 질문 더 있으신가요?

Qustion 9

I heard there's a lecture on Investigated Journal Writing. Can you tell me what time that will be?

조사 저널 쓰기에 대한 강의가 있다고 들었습니다. 몇 시에 진행되는지 말씀해 주실 수 있습니까?

Model Answer

I'm sorry but you've got the wrong information. Actually, there was a lecture on Investigated Journal Writing given by Jim Kyle from 3 to 4 PM, however, it has been canceled. Anything else?

죄송합니다만 잘못된 정보를 가지고 계십니다. 사실, 오후 3시부터 4 시까지 Jim Kyle씨가 진행하시는 조사 저널 쓰기에 대한 강의가 있을 예정이었지만 취소되었습니다. 다른 질문은요?

Qustion 10

Jane Walters is my favorite journalist. Can you give me all the details of the sessions that Jane Walters will be leading?

Jane Walters는 제가 가장 좋아하는 기자입니다. Jane Walters가 진행할 세션의 모든 세부 사항을 알려 주실 수 있습니까?

Model Answer

Sure. There are two sessions led by Jane Walters. First, from 1 to 2 PM, there will be a workshop about Getting Specialized. Also, she will give a lecture on Diversity in Global Journalism from 4 to 5 PM. I hope you got all the information you need. Thank you, bye.

물론입니다. Jane Walters 가 진행하는 두 개의 세션이 있습니다. 먼저, 오후 1시부터 2시까지 전문화하기에 대한 워크숍이 있을 예정입니다. 또한, 그녀는 오후 4시부터 5시까지 글로벌 저널리즘의 다양성에 대해 강의할 예정입니다. 필요한 정보를 모두 얻으셨기를 바랍니다. 감사합니다, 안녕히 계세요.

Qustion 11

When a school is considering sending its students to a day trip during the school day, do you think it would be more beneficial to take students to watch a sporting event, or to take a history museum? Why? Give reasons or examples to support your opinion.

학교에서 수업시간에 학생들의 외부활동을 고려할 때, 여러분은 학생들이 스포츠 경기를 관람하도록 하는 것이 더 유익하다고 생각하나요, 아니면 역사 박물관을 가는 것이 더 유익하다고 생각하나요? 이유 또는 예시는 들어 여러분의 의견을 뒷받침하세요.

Model Answer

When a school is considering sending its students to a day trip during the school day, I think it would be much more beneficial to take students to watch a sporting event rather than a history museum. This is because it helps the students relieve their stress from study, and it can improve their learning efficiency. For example, When I was in high school, my school always pushed its students to study only academic subjects, and always brought them to history and science museums. So, the students got a lot of stress and the scores were getting lower and lower. So, the principal had to do something to figure that out. Finally, he decided to take them to local sporting events frequently. After that, the students started to study hard because they enjoyed the field trip, and it naturally improved learning efficiency. And now, it has become one of the most prestigious schools in Korea. If he didn't come up with that idea, we might not have this result today. That's what I think.

학교에서 학생들의 외부활동을 고려하고 있을 때, 저는 역사 박물관보다는 스포츠 행사를 보기 위해 학생들을 데리고 가는 것이 훨씬 더 유익할 것이라고 생각합니다. 이것은 학생들이 학업으로 인한 스트레스를 해소하고, 학습 능률을 향상시킬 수 있기 때문입니다. 예를 들어, 제가 고등학교에 다닐 때, 우리 학교는 항상 학생들에게 학문적인 과목만을 공부하도록 강요했고, 항상 역사와 과학 박물관에 그들을 데려갔습니다. 그래서 학생들은 많은 스트레스를 받았고 점수는 점점 낮아지고 있었습니다. 그래서 교장선생님이 그걸 해결하기 위해 무언가를 했습니다. 마침내, 그는 그들을 지역 스포츠 행사에 자주 데려가기로 결심했습니다. 그 후, 학생들은 현장 학습이 즐거워서 열심히 공부하기 시작했고, 그것은 자연스럽게 학습 효율을 향상시켰습니다. 그리고 지금은 대한민국의 명문 학교 중 하나가 되었습니다. 만약 그가 그런 생각을 하지 않았다면, 우리는 오늘 이런 결과를 얻지 못했을지도 모릅니다. 이게 저의 생각입니다.

Final Test 2

Part 1

TOEIC Speaking

Question 1-2: Read a Text Aloud.

Directions: In this part of the test, you will read aloud the text on your screen. You will have 45 seconds to prepare. Then you will have 45 seconds to read the text aloud.

TOEIC Speaking   **Question 1 of 11**

Thank you everyone for coming to my retirement celebration party. Over the years, my work in this company has been both challenging and rewarding. It has always been with my wonderful colleagues who supported me through my career. Now I'm excited to have my time enjoying my hobbies including traveling, watching movies, and playing golf.

PREPARATION TIME	RESPONSE TIME
00:00:45	00:00:45

TOEIC Speaking   **Question 2 of 11**

Welcome to the Spring field Music Festival. This evening, talented local musicians will be playing a variety of jazz, blues and rock music. To start the program, we're pleased to introduce a special guest, Denial Tyler. Although Denial is originally from our town, but he now lives in New York City. He has come back to join us for the festival this year.

PREPARATION TIME	RESPONSE TIME
00:00:45	00:00:45

Part 2

TOEIC Speaking

Question 3-4: Describe a picture

Directions: In this part of the test, you will describe the picture on your screen, in as much detail as you can. You will have 45 seconds to prepare your response. Then you will have 30 seconds to speak about the picture.

TOEIC Speaking   Question 3 of 11

PREPARATION TIME	RESPONSE TIME
00:00:45	00:00:30

Final Test 2

PREPARATION TIME	RESPONSE TIME
00:00:45	00:00:30

Part 3

Question 5-7: Respond to Questions

Directions: In this part of the test, you will answer three questions. You will have three seconds to prepare after you hear each question. You will have 15 seconds to respond to Questions 5 and 6 and 30 seconds to respond to Question 7.

Imagine that your city government is considering opening a new community park in your area. You have agreed to participate in a telephone interview about parks.

Final Test 2

Imagine that your city government is considering opening a new community park in your area. You have agreed to participate in a telephone interview about parks.

When was the last time you went to a park in your area, and how long did you spend there?

PREPARATION TIME	RESPONSE TIME
00:00:03	00:00:15

Imagine that your city government is considering opening a new community park in your area. You have agreed to participate in a telephone interview about parks.

How do you usually decide which park to visit?

PREPARATION TIME	RESPONSE TIME
00:00:03	00:00:15

Imagine that your city government is considering opening a new community park in your area. You have agreed to participate in a telephone interview about parks.

Would you be more likely to visit a park if the park sold drinks and snacks in it? Why or why not?

PREPARATION TIME	RESPONSE TIME
00:00:03	00:00:30

Part 4

Questions 8-10: Respond to questions using information provided

Directions: In this part of the test, you will answer three questions based on the information provided. You will have 45 seconds to read the information before the questions begin. You will have three seconds to prepare after you hear each question. You will have 15 seconds to respond to Questions 8 and 9 and 30 seconds to respond to Question 10.

Long Island Environment Organization
Annual Conference
Long Island Conference Center, Saturday June 24

Schedules	
9:00AM-10:00AM	Welcoming Speech-Susie Keller
10:00AM-11:00AM	Demonstration: Solar Energy System-Steven Yang
11:00AM-12:00PM	Lecture: Cleaning the Rivers- Wayn Delabough
12:00PM-1:00PM	Lunch
1:00PM-2:00PM	Lecture: Protecting the Ocean- Mike Revanon
2:00PM-3:00PM	Demonstration: Alternative Plastic-Kim Brown
3:00PM-4:00PM	Workshop: Sustainable Development Planning-Linda Jones

PREPARATION TIME
00:00:45

PREPARATION TIME	PREPARATION TIME	PREPARATION TIME
00:00:03	00:00:03	00:00:03
PREPARATION TIME	PREPARATION TIME	PREPARATION TIME
00:00:15	00:00:15	00:00:30

Final Test 2

Part 5

Questions 11: Express an Opinion

Directions: In this part of the test, you will give your opinion about a specific topic. Be sure to say as much as you can in the time allowed. You will have 45 seconds to prepare. Then you will have 60 seconds to speak.

For a company, what are some advantages of using competition among the employees? Give reasons or examples to support your opinion.

PREPARATION TIME	PREPARATION TIME
00:00:45	00:01:00

Qustion 1

Model Answer

Thank you **everyone** for **coming** to my **retirement celebration party**.↘// Over the **years**, ↗/ my **work** in this **company** / has been **both challenging** ↗/ and **rewarding**.↘// It has **always** been with my **wonderful colleagues** / who **supported me** through my **career**. ↘// **Now** I'm **excited** to **have** my **time enjoying** my **hobbies** / including **traveling**,↗/ **watching movies**,↗/ and **playing golf**.//

저의 은퇴 축하 파티에 와주셔서 모두 감사합니다. 수년에 걸쳐 이 회사에서 일한 것은 도전적이고 보람 있는 일이었습니다. 저의 모든 커리어는 저를 지원해주신 저의 훌륭한 동료들과 함께였습니다. 이제 여 행, 영화 감상, 골프를 즐기는 등 취미를 즐기는 시간을 갖게되어 기쁩니다.

Qustion 2

Model Answer

Welcome to the **Spring field Music Festival.**↘// This **evening**,↗/ **talented local musicians** / will be **playing** a **variety** of **jazz**,↗/ **blues** / and **rock music.**↘// To **start** the **program**,↗/we're **pleased** to **introduce** a **special guest**,↗/ **Denial Tyler.**↘// **Although Denial** is **originally** from our **town**,↗/ but he **now lives** in **New York City.**↘// He has **come back** to **join** us / for the **festival this year.**↘//

Spring field 음악 축제에 오신 것을 환영합니다. 오늘 저녁, 재능있는 지역 뮤지션들이 다양한 재즈, 블 루스, 록 음악을 연주할 것입니다. 프로그램을 시작하면서, 우리는 특별한 손님 Denial Tyler를 소개하 게 되어 기쁘게 생각합니다. Denial은 원래 우리 마을 출신이지만 지금은 뉴욕시에 살고 있습니다. 그 는 올해 축제에서 위해 우리와 함께 하기 위해 돌아왔습니다.

Qustion 3

Model Answer

This is a picture taken at an outdoor restaurant. There are many people in this picture. In the middle of the picture, there are two women who look like customers. They are both wearing sunglasses and looking at a waiter. Next to them, I can see a waiter taking an order. In the background of the picture, there are many people sitting around their tables. I can also see some umbrellas above the tables. Maybe they are having lunch at the restaurant.

이것은 야외 식당에서 찍은 사진이며, 이 사진에는 많은 사람들이 있습니다. 사진의 가운데에 손님처럼 보이는 두 여자가 있습니다. 그들은 모두 선글라스를 착용하고 웨이터를 보고 있습니다. 그들 옆에 주문을 받고 있는 웨이터가 보입니다. 사진의 배경에는 테이블 주위에 앉아있는 많은 사람들이 있습니다. 또한 테이블 위로 파라솔(우산)들이 보입니다. 아마도 그들은 이 식당에서 점심을 먹고 있는것 같습니다.

Model Answer

This is a picture taken in an office. There are two people in this picture. In the middle of the picture, there is a woman. She is wearing a beige jacket. She is holding a pen and pointing at some memos posted on the glass wall. Next to her, I can see another woman holding a piece of document and looking at the memos. In the background of the picture, there are some files and books placed on the bookshelves. Maybe they are talking about their work.

이것은 사무실에서 찍은 사진입니다. 이 사진에는 두 사람이 있습니다. 사진 의 가운데에 한 여자가 있습니다. 그녀는 베이지 색 재킷을 입고 있습니다. 그녀는 펜을 들고 유리 벽에 게시된 메모들을 가리키고 있습니다. 그녀의 옆에 문서를 들고 그 메모를 바라보는 다른 여자가 보입니다. 사진의 배경에는 책장에 놓인 파일과 책들이 있습니다. 아마도 그들은 그들의 일에 대해 이야기하고 있는것 같습니다.

Qustion 5-7

Imagine that your city government is considering opening a new community park in your area. You have agreed to participate in a telephone interview about parks.

시 정부가 해당 지역에 새로운 커뮤니티 파크를 개설하는 것을 고려하고 있다고 가정해 보세요. 당신은 공원에 대한 전화 인터뷰에 참여하는데 동의 했습니다.

Qustion 5

When was the last time you went to a park in your area, and how long did you spend there?
당신 지역에 있는 공원에 마지막으로 갔을 때는 언제이며 얼마나 오래 그곳에서 머무르셨습니까?

Model Answer

The last time I went to a park in my area was last weekend. I spent there for about an hour. I jogged and rode a bicycle there.

저희 지역에 있는 공원에 마지막으로 갔을 때는 지난 주말이었습니다. 그곳에서 한 시간정도 머물렀습니다. 저는 그곳에서 조깅을 하고 자전거를 탔습니다.

Qustion 6

How do you usually decide which park to visit?
당신은 보통 어떤 공원에 방문 할지 어떻게 결정합니까?

Model Answer

I usually decide which park to visit by the location. Since I'm a student, I'm very busy studying everyday. So I don't have enough time to go far to a park.

저는 주로 어떤 공원에 갈지 위치로 결정을 합니다. 저는 학생이기 때문에 매일 공부하느라 매우 바쁩니다. 그래서 공원에 멀리 갈 충분한 시간이 없습니다.

Qustion 7

Would you be more likely to visit a park if the park sold drinks and snacks in it? Why or why not?
공원에서 음료와 스낵을 판매한다면 그 공원을 방문 할 가능성이 더 높습니까? 왜죠?

If a park sold drinks and snacks in it, I would be more likely to visit the park because I love eating. Eating delicious food helps me relieve my stress from my study. For example, I went to a park near my house last weekend. There were many vending machines that sold snacks and beverages. They were cheap and delicious. So I will often go there to eat them.

공원에서 음료와 스낵을 판매한다면, 저는 먹는 것을 좋아하기 때문에 그 공원을 방문 할 가능성이 더 높을 것입니다. 맛있는 음식을 먹는것은 제가 공부에서 받은 스트레스를 해소하는데 도움이 됩니다. 예를 들어, 지난 주말에 집 근처 공원에 갔습니다. 스낵과 음료를 판매하는 많은 자동 판매기가 있었습니다. 그것들은 저렴하고 맛있었습니다. 그래서 저는 종종 스낵과 음료를 먹기 위해 공원에 갑니다.

Qustion 8-10

Long Island 환경기구 연례 컨퍼런스 Long Island 컨퍼런스센터, 6월24일 토요일	
Schedules	
오전9:00-오전10:00	환영사-Susie Keller
오전10:00-오전11:00	시연: 태양 에너지 시스템-Steven Yang
오전11:00-오후12:00	강연: 강 정화- Wayn Delabough
오후12:00-오후1:00	점심식사
오후1:00-오후2:00	강연: 해양 보호- Mike Revanon
오후2:00-오후3:00	시연: 대체 플라스틱-Kim Brown
오후3:00-오후4:00	워크샵: 지속 가능한 개발계획-Linda Jones

Hello. I received an email about the annual conference schedule, and I have some questions about it.

안녕하세요. 연례 회의 일정에 대한 이메일을 받았고, 그것에 대해 몇 가지 질문이 있습니다.

Qustion 8

Where will the conference be held, and what is the first item on the schedule?

컨퍼런스는 어디에서 개최되며 일정의 첫 번째 항목은 무엇입니까?

Model Answer

Hello, sir. The conference will be held at Long Island Conference Center, and the first item on the schedule is a Welcoming Speech given by Susie Keller. It will be held from 9:00 AM to 10:00 AM . Any other questions?

안녕하세요. 컨퍼런스는 Long Island 컨퍼런스 센터에서 열리며, 첫 번째 일정은 Susie Keller에 의한 환영사 입니다. 오전 9:00부터 오전 10:00까지 진행됩니다. 다른 질문 있습십니까?

Qustion 9

I know there will be a workshop on Sustainable Development Planning. That's in the morning, right?

지속 가능한 개발 계획에 대한 워크숍이 있다고 알고 있습니다. 그건 아침에 열리는게 맞습니까?

Model Answer

I'm sorry you've got the wrong information. Actually, there will be a workshop on Sustainable Development Planning given by Linda Jones from 3:00 to 4:00 PM., not in the morning. Anything else?

죄송하지만 잘못된 정보를 가지고 계십니다. 사실 Linda Jones에 의한 지속 가능한 개발 계획에 대한 워크숍은 오후 3:00부터 오후 4:00까지 있을 것입니다. 다른 질문은요?

Qustion 10

I heard that there're going to be some demonstrations offered at the conference. Could you give me all the details about the demonstrations?

회의에서 제공되는 몇 가지 시연이 있을 거라고 들었습니다. 시연에 대한 모든 세부 사항을 알려주실 수 있습니까?

Model Answer

Sure. There are two demonstrations at the conference. First, from 10:00 AM to 11:00 AM, there will be a demonstration on Solar Energy System given by Steven Yang. Also, Kim Brown will give a demonstration on Alternative Plastic from 2:00 PM to 3:00 PM. I hope you got all the right information you need. Thank you, bye.

물론입니다. 컨퍼런스에는 두 번의 시연이 있습니다. 첫째, 오전 10:00부터 오전 11:00까지 Steven Yang이 제공하는 태양 에너지 시스템에 대한 시연이 있을 것입니다. 또한 Kim Brown은 오후 2:00부터 오후 3:00까지 대체 플라스틱 시연을 진행할 예정입니다. 필요한 정보를 모두 얻으셨기를 바랍니다. 감사합니다, 안녕히 계세요.

For a company, what are some advantages of using competition among the employees? Give reasons or examples to support your opinion.

기업에서 직원 간의 경쟁을 이용하는 것의 장점은 무엇입니까? 이유 또는 예시는 들어 여러분의 의견을 뒷받침하세요.

Model Answer

There are many advantages of using competition among the employees. Most of all it motivates the employees work hard to win the competition. It can improve work efficiency and productivity. For example, I have been working for JT company for 10 years. When I just started to work for the company, we had a serious financial crisis. So, the CEO had to do something to figure that out. Finally, he decided to use competition, and provided some extra bonus to the employees who made the best performances. After that, the profits of the company started to increase because all the employees worked very hard, made good performances to get the bonus. And it naturally improved work efficiency. And now, it has become one of the major companies in Korea. If he didn't come up with that idea, we might not have this result today.

직원들 사이의 경쟁을 이용하는 데는 많은 장점이 있습니다. 무엇보다도 직원들이 경쟁에서 이기기 위해 열심히 일하도록 동기를 부여합니다. 그것은 업무의 효율성과 생산성을 향상시킬 수 있습니다. 예를 들어, 저는 JT 회사에서 10년째 일하고 있습니다. 제가 막 회사를 다니기 시작했을 때, 저희는 심각한 재정 위기를 겪었습니다. 그래서 CEO는 그것을 해결하기 위해 무언가를 해야 했습니다. 마침내, 그는 업무성과가 가장 좋은 직원들에게 성과급을 주며 경쟁을 이용해보기로 결정했습니다. 그 후, 모든 직원들이 성과급을 받기위해 더 열심히 일했기 때문에 회사의 이익은 증가하기 시작했습니다. 그리고 업무 효율을 향상시켰습니다. 그리고 지금 저희 회사는 대한민국의 주요 기업 중 하나가 되었습니다. 만약 그가 그런 생각을 하지 않았다면, 우리는 오늘날 이런 결과를 얻지 못했을지도 모릅니다.

Final Test 3

Part 1

TOEIC Speaking

Question 1-2: Read a Text Aloud.

Directions: In this part of the test, you will read aloud the text on your screen. You will have 45 seconds to prepare. Then you will have 45 seconds to read the text aloud.

TOEIC Speaking   **Question 1 of 11**

On today's conference, we will discuss the benefits of studying music at any age. Our next speaker Alex Wayne published some fascinating research on this topic just last year. In today's talk, he will focus on how learning to play an instrument benefits the brains of children, teenagers and adults.

PREPARATION TIME	RESPONSE TIME
00:00:45	00:00:45

TOEIC Speaking   **Question 2 of 11**

Good morning. You are listening to channel 11 radio. According to our most recent traffic reports, there are some heavy delays in the downtown area. The most affected roads are Main Street, 5th Avenue and Tyra Boulevard. If you are planning on driving through the downtown area this morning, we recommend using alternate routes.

PREPARATION TIME	RESPONSE TIME
00:00:45	00:00:45

Part 2

TOEIC Speaking

Question 3-4: Describe a picture

Directions: In this part of the test, you will describe the picture on your screen, in as much detail as you can. You will have 45 seconds to prepare your response. Then you will have 30 seconds to speak about the picture.

TOEIC Speaking　　　　　**Question 3 of 11**

PREPARATION TIME	RESPONSE TIME
00:00:45	00:00:30

Final Test 3

PREPARATION TIME	RESPONSE TIME
00:00:45	00:00:30

Part 3

Question 5-7: Respond to Questions

Directions: In this part of the test, you will answer three questions. You will have three seconds to prepare after you hear each question. You will have 15 seconds to respond to Questions 5 and 6 and 30 seconds to respond to Question 7.

Imagine that a professor is doing research on advertisements. You have agreed to participate in a telephone interview about your responses to different types of advertisements.

Final Test 3

Imagine that a professor is doing research on advertisements. You have agreed to participate in a telephone interview about your responses to different types of advertisements.

How often do you see movies in the theater, and how early do you usually get to the theater?

PREPARATION TIME	RESPONSE TIME
00:00:03	00:00:15

Imagine that a professor is doing research on advertisements. You have agreed to participate in a telephone interview about your responses to different types of advertisements.

When was the last time you were at a movie theater, and what types of advertisements did you see before the movie started?

PREPARATION TIME	RESPONSE TIME
00:00:03	00:00:15

Imagine that a professor is doing research on advertisements. You have agreed to participate in a telephone interview about your responses to different types of advertisements.

Do you think advertisements before movies are efficient? Why or why not?

PREPARATION TIME	RESPONSE TIME
00:00:03	00:00:30

Part 4

TOEIC Speaking

Questions 8-10: Respond to questions using information provided

Directions: In this part of the test, you will answer three questions based on the information provided. You will have 45 seconds to read the information before the questions begin. You will have three seconds to prepare after you hear each question. You will have 15 seconds to respond to Questions 8 and 9 and 30 seconds to respond to Question 10.

TOEIC Speaking   **Question 8-10 of 11**

YS Training Center
Management Courses
Class Date: June 15- July 27 / Deadline for registration: June 2

course	day of the week	time
Business Letter Writing	Mondays	6 PM-9 PM
Health and Safety in the Workplace	Tuesdays	5 PM -8 PM
Conflict Management in Your Team	Wednesdays	5 PM -8 PM
Introduction on Management Theory	Thursdays	6 PM -9 PM
Managing Conflict with Customers	Fridays	5 PM -8 PM
Motivating as a Leader	Saturdays	6 PM -9 PM

* cost per course: $100 (Monday-Friday) $120 (Saturday)

PREPARATION TIME
00:00:45

PREPARATION TIME	PREPARATION TIME	PREPARATION TIME
00:00:03	00:00:03	00:00:03
PREPARATION TIME	PREPARATION TIME	PREPARATION TIME
00:00:15	00:00:15	00:00:30

Part 5

Questions 11: Express an Opinion

Directions: In this part of the test, you will give your opinion about a specific topic. Be sure to say as much as you can in the time allowed. You will have 45 seconds to prepare. Then you will have 60 seconds to speak.

What do you think about the statement?

Government should provide funding to support athletes of national sports team.

Give reasons or examples to support your opinion.

PREPARATION TIME	PREPARATION TIME
00:00:45	00:01:00

Qustion 1

Model Answer

On **today's conference**, ↗/ we will **discuss** the **benefits** of **studying music** / at **any age**. ↘// Our **next speaker Alex Wayne** / **published** some **fascinating research** / on this **topic just last year**. ↘// In **today's talk**, ↗/ he will **focus** on / **how learning** to **play** an **instrument** / **benefits** the **brains** of **children**, ↗/ **teenagers** ↗/ and **adults.**↘//

오늘 컨퍼런스에서는 모든 연령대에서 음악을 공부하는 이점에 대해 논의할 예정입니다. 우리의 다음 스피커 알렉스 웨인은 작년에 이 주제에 대한 몇 가지 매혹적인 연구를 발표했습니다. 오늘의 강연에서 그는 악기를 배우는 것이 어린이, 청소년 및 성인의 뇌에 어떤 영향을 주는지에 초점을 맞출 것입니다.

Qustion 2

Model Answer

Good morning. ↘// You are **listening** to **channel 11 radio**. ↘// **According** to our **most recent traffic reports**, ↗/ **there** are some **heavy delays** / in the **downtown area**. ↘// The **most affected roads** are **Main Street**, ↗/ **5th Avenue** ↗/ and **Tyra Boulevard**. ↘// If you are **planning** on **driving** through the **downtown area this morning**, ↗/ we **recommend using alternate routes**. ↘//

안녕하세요. 여러분은 채널 11 라디오를 듣고 계십니다. 우리의 가장 최근의 교통 보고서에 따르면, 시내 지역에 몇 군데 심각한 정체가 있습니다. 가장 영향을 받는 도로는 메인 스트리트, 5번가 및 Tyra 대로입니다. 오늘 아침 도심을 경유할 계획이라면 대체 노선을 사용하는 것이 좋겠습니다.

Qustion 3

Model Answer

This is a picture taken in a garden. There is one person in this picture. In the middle of the picture, there is a man. He is wearing a checked shirt and green gloves. He is kneeling down, and planting some flowers in the flowerbed. In the foreground of the picture, there is a wooden box with some red flowers. In the background of the picture, there are many green trees. Maybe the man is gardening.

이것은 정원에서 찍은 사진입니다. 이 사진에는 한 사람이 있습니다. 사진의 가운데에, 한 남자가 있습니다. 그는 체크 셔츠와 녹색 장갑을 착용하고 있습니다. 그는 무릎을 꿇고 화단에 꽃을 심고 있습니다. 사진의 전경에는 붉은 꽃이 담겨져 있는 나무 상자가 있습니다. 사진의 배경에는 많은 녹색의 나무가 있습니다. 아마도 이 남자는 정원을 가꾸고 있는것 같습니다.

Model Answer

This is a picture taken at a hotel lobby, there are four people in this picture. On the right side of the picture, there are two employees. One of them is talking on the phone, the other one is helping customers. On the left side of the picture, I can see a couple standing behind the desk. In the background of the picture, there are some doors and wooden walls. Maybe the customers are checking in at the hotel.

이것은 호텔 로비에서 찍은 사진으로, 이 사진에는 4명의 사람들이 있습니다. 사진의 오른쪽에는 두 명의 직원이 있습니다. 그들 중 한 명은 전화통화를 하고, 다른 한 명은 고객을 돕고 있습니다. 사진 왼쪽에는 데스크 뒤에 서 있는 커플이 보입니다. 사진의 배경에는 문 여러개와 나무로 된 벽이 있습니다. 아마도 고객이 호텔에서 체크인하고 있는것 같습니다.

Qustion 5-7

Imagine that a professor is doing research on advertisements. You have agreed to participate in a telephone interview about your responses to different types of advertisements.
한 교수가 광고에 대한 연구를 하고 있다고 가정해 보십시오. 당신은 다양한 유형의 광고에 대한 응답에 대해 전화 인터뷰에 참여하기로 동의했습니다.

Qustion 5

How often do you see movies in the theater, and how early do you usually get to the theater?
영화관에서 영화를 얼마나 자주 영화를 보나요, 그리고 보통 얼마나 일찍 영화관에 도착합니까?

Model Answer

I see movies in the theater once a month, and I usually get to the theater about 10 minutes before the movie starts.
저는 한 달에 한 번 영화관에서 영화를 보고, 보통 영화가 시작되기 약 10 분쯤 전에 영화관에 도착합니다.

Question 6

When was the last time you were at a movie theater, and what types of advertisements did you see before the movie started?
영화관에 마지막으로 있었던 때는 언제였고, 영화가 시작되기 전에 어떤 종류의 광고를 보았습니까?

Model Answer

The last time I were at a movie theater was last weekend, and I saw an advertisement for an Italian restaurant chain.
지난 주말 영화관에 마지막으로 있었는데, 이탈리아 레스토랑 체인점의 광고를 보았습니다.

Qustion 7

Do you think advertisements before movies are efficient? Why or why not?
당신은 영화 상영 전에 나오는 광고가 효율적이라고 생각하십니까? 왜 또는 왜 아니죠?

I think advertisements before movies are very efficient because all people in the theater would be excited to watching movie. So, they will focus on the screen. For example, I went to a movie theater last weekend. I saw an advertisement for an Italian restaurant chain before the movie started. It made me hungry. So, I visited the restaurant and had dinner after the movie.

저는 극장의 모든 사람들이 흥미진진하게 영화를 보기 때문에 영화상영 전에 나오는 광고는 매우 효율적이라고 생각합니다. 사람들은 화면에 집중을 할 것입니다. 예를 들어, 저는 지난 주말에 영화관에 갔습니다. 영화가 시작되기 전에 나오는 이탈리아 레스토랑 체인광고를 보았습니다. 저는 그 광고를 보고 배가 고파졌습니다. 그래서 저는 영화가 끝난 후 그 식당을 방문하여 저녁을 먹었습니다.

Qustion 8-10

YS 교육센터
경영과정
수업날짜: 6월 15일- 7월 27일 / 등록마감: 6월 2일

course	day of the week	time
비지니스 레터 쓰기	월요일	오후6시-오후9시
직장 내에서의 건강과 안전	화요일	오후5시-오후8시
당신의 팀 내부 분쟁 해결하기	수요일	오후5시-오후8시
경영 이론 소개	목요일	오후6시-오후9시
고객과의 분쟁 해결하기	금요일	오후5시-오후8시
리더로서 동기부여하기	토요일	오후6시-오후9시

* 과정 당 가격: 100불 (월요일-금요일) 120불 (토요일)

Hi. I saw an advertisement for your management courses, and I hope you could give me some more information about the schedule.

안녕하세요. 당신의 경영 과정에 대한 광고를 보았는데요, 당신이 저에게 일정에 대한 몇 가지 정보를 더 제공 해주셨으면 합니다.

Qustion 8

What's the deadline for registration, and on what date do the courses begin?

등록 마감일은 몇일이며, 과정은 몇일에 시작됩니까?

Model Answer

Hello, sir. The deadline for registration is June 2nd, and the courses will begin on June 15th. Any other questions?

안녕하세요. 등록 마감일은 6월 2일입니다. 그리고 과정은 6월 15일에 시작됩니다. 또 다른 궁금하신 사항 있으십니까?

Qustion 9

I heard that all of your courses cost $100. Is that right?

모든 과정의 모든 비용이 100불이라고 들었습니다. 맞죠?

Model Answer

I'm sorry, but you've got the wrong information. The courses for Monday to Friday cost 100 dollars, but it costs 120 dollars for Saturday courses. Anything else?

죄송하지만 잘못된 정보를 가지고 계십니다. 월요일에서 금요일까지의 과정은 100불이지만 토요일 과정의 경우 120불이 듭니다. 다른 질문은 없으신가요?

Qustion 10

I'm especially interested in courses related to conflict management. Could you give me all the details of any courses that are related to conflict management?

특히 분쟁 해결과 관련된 과정에 관심이 있습니다. 분쟁 해결 관련된 모든 과정의 모든 세부 정보를 제공해주실 수 있습니까?

Model Answer

Sure. There are two courses related to conflict management. First, there will be a course on Conflict Management in Your Team, on Wednesdays from 5PM to 8PM. Also, you can participate in a course on Managing Conflict with Customers on Fridays from 5 PM to 8PM. I hope you got all the information you need. Thank you, bye.

물론입니다. 분쟁 해결과 관련된 두 가지 과정이 있습니다. 첫째, 매주 수요일 오후 5시부터 오후 8시까지 팀 내부의 분쟁해결에 대한 과정이 있습니다. 또한 매주 금요일 오후 5시부터 오후 8시까지 고객과의 분쟁 해결에 관한 과정에 참여하실 수 있습니다. 필요로 하시는 모든 정보를 얻으셨기 바랍니다. 감사합니다. 안녕히계세요.

What do you think about the statement? Government should provide funding to support athletes of national sports team.
Give reasons or examples to support your opinion.

당신은 다음 의견에 대해 어떻게 생각하십니까? 정부는 국가 대표 스포츠 팀의 선수들을 지원하기 위해 자금을 제공해야합니다. 이유 또는 예시는 들어 여러분의 의견을 뒷받침하세요.

Model Answer

I think government should provide funding to support athletes of national sports team because it can be an effective way to introduce our country to the world, and it would make added value creating more profits. For example, about 20 years ago, my country, South Korea had a serious financial crisis. So, the government had to do something to figure that out. Finally, they decided to support athletes of national soccer team. After that, the national interest started to increase because the soccer team won the fourth place in 2002 world cup game. And it naturally introduced our country to the world, and created a lot of profits. And now, South Korea has become one of the most advanced nations in the world. If they didn't come up with that idea, we might not have this result today.

저는 정부가 국가 스포츠 팀의 선수를 지원하기 위해 자금을 제공해야한다고 생각합니다 왜냐하면 우리 나라를 세계에 소개하는 효과적인 방법이 될 수 있기 때문이고 그것은 더 많은 이익을 내는 부가 가치를 창출할 것입니다. 예를 들어, 약 20년 전, 우리나라, 한국은 심각한 금융 위기를 겪었습니다. 그래서 정부는 이를 해결하기 위해 뭔가를 해야만 했습니다. 마침내 그들은 축구 국가대표팀 선수들을 지원하기로 결정했습니다. 그 후 축구 국가대표팀이 2002년 월드컵 경기에서 4위를 차지했기 때문에 국익이 증가하기 시작했습니다. 그리고 자연스럽게 전 세계에 우리 나라를 소개하고, 많은 이익을 창출했습니다. 그리고 지금, 한국은 세계에서 가장 선진국 중 하나가 되었습니다. 만약 그들이 그런 생각을 하지 못했다면, 우리는 오늘의 이런 결과를 얻지 못했을 수도 있습니다.

TOEIC SPEAKING

12개의
매직앤써로 끝내는
토익스피킹
초치기비법

" 최신 레벨변경 개정판 "

YBM NET 1위
자스민강사

JT 커뮤니케이션

초판 1쇄 발행 | 2022년 7월 4일

저 자 | 자스민

발 행 인 | 이소희

발 행 처 | 주식회사 제이티 커뮤니케이션

신고일자 | 2022년 6월 21일

신고번호 | 제 409-2022-000038 호

주 소 | 경기도 김포시 김포한강9로 75번길 190 7층 713호

정 가 | 20,000월

이메일 jasenglish@naver.com
홈페이지 www.jtcommunication.com

ISBN | 979-11-979274-0-9